Alois Bömer

Die lateinischen Schülergespräche der Humanisten

Auszüge

Alois Bömer

Die lateinischen Schülergespräche der Humanisten
Auszüge

ISBN/EAN: 9783743614390

Hergestellt in Europa, USA, Kanada, Australien, Japan

Cover: Foto ©Thomas Meinert / pixelio.de

Weitere Bücher finden Sie auf **www.hansebooks.com**

Texte und Forschungen
zur
Geschichte der Erziehung und des Unterrichts
in den Ländern deutscher Zunge

I.

Texte und Forschungen

zur

Geschichte der Erziehung und des Unterrichts in den Ländern deutscher Zunge

Im Auftrage

der

Gesellschaft für deutsche Erziehungs- und Schulgeschichte

herausgegeben von

Karl Kehrbach

. . .

I.

A. Bömer, Die lateinischen Schülergespräche der Humanisten  1

BERLIN

J. HARRWITZ NACHFOLGER

1897.

Die
lateinischen Schülergespräche
der
Humanisten

Auszüge mit Einleitungen, Anmerkungen
und
Namen- und Sachregister

Quellen für die Schul- und Universitätsgeschichte des 15. und 16. Jahrhunderts

Von

Dr. A. Bömer

Hilfsbibliothekar an der Kgl. Paulinischen Bibliothek in Münster i. W.

Erster Teil

Vom **Manuale scholarium** bis **Hegendorffinus** c. 1480-1520

BERLIN
J. HARRWITZ NACHFOLGER
1897.

Das Namen- und Sach-Register wird dem zweiten Teile beigefügt werden.

Begleitwort.

Schon bald nach dem Erscheinen der ersten Hefte der Mitteilungen der Gesellschaft für deutsche Erziehungs- und Schulgeschichte stellte sich das Bedürfnis heraus, zwischen die Ausgabe der Monumenta Germaniae Paedagogica und die der Mitteilungen eine neue Art der Veröffentlichungen unserer Gesellschaft einzuschieben. Da nämlich vom Vorstande der Wunsch ausgesprochen war, dass ich möglichst vermeiden möchte, Aufsätze aufzunehmen, die allein schon den Raum eines Heftes einnehmen würden, oder solche, die durch mehrere Hefte fortgeführt werden müssten, so kam ich in die unangenehme Lage, eine Anzahl von Abhandlungen und Bearbeitungen von Texten, deren Veröffentlichung ganz im Sinne der Bestrebungen unserer Gesellschaft gewesen wäre, ablehnen zu müssen. Um diesem bedauerlichen Umstande abzuhelfen, regte ich Herrn Professor DDr. Lommatzsch, ein Mitglied des Redaktions-Ausschusses, der wie ich die Notwendigkeit einer Aenderung einsah, an, den Antrag zu „einer Ergänzung der wissenschaftlichen Veröffentlichungen unserer Gesellschaft" zu stellen. Es geschah dies auf der dritten ordentlichen Generalversammlung unserer Gesellschaft am 3. April 1893. (Vergl. Mitt., Jahrg. III. 1893. Geschäftl. Teil S. XVIff.) Obwohl nun die damalige Generalversammlung den Antrag annahm, konnte doch aus äusseren Gründen der von der Gesellschaft gefasste Beschluss, mit den damals vorliegenden Arbeiten die neue Art der Veröffentlichungen zu beginnen, bisher nicht zur Ausführung gelangen. Nachdem aber nunmehr die Hindernisse beseitigt sind, erscheint jetzt das vorliegende erste Bändchen: „Die lateinischen Schülergespräche der Humanisten 1, von A. Bömer".

Möchte auch dem neuen Unternehmen der Gesellschaft, von deren Streben nach einer möglichst vollständigen Sammlung, kritischen Sichtung, wissenschaftlichen Verarbeitung und Veröffentlichung

Inhalt.

Seite

Begleitwort.
Zur Einführung 1
1) Das Manuale scholarium 10
2) Paulus Niavis 19
   A) Dialogus parvulis scholaribus ad latinum idioma perutilissimus.
   B) Latina idiomata.
   C) Dialogus, in quo litterarum studiosus cum beano quarumvis praeceptionum imperito loquitur.
3) Andreas Huendern 56
   Latinum idioma.
4) Laurentius Corvinus 61
   Latinum idioma.
5) Collocutiones duorum puerorum de rebus puerilibus ad invicem loquentium 67
5) Desiderius Erasmus 71
   Familiarum colloquiorum formulae bezw. Colloquia familiaria.
7) Petrus Mosellanus 95
   Paedologia.
8) Christophorus Hegendorffinus 108
   Dialogi pueriles.

Zur Einführung.

Mit dem Namen der ihrem Ursprunge nach wahrscheinlich bis ins Altertum zurückreichenden, aber erst unter der pflegenden Hand der Humanisten zu wirklicher Bedeutung gelangten „Lateinischen Schülergespräche" bezeichnen wir innerhalb der Litteraturgattung der Dialoge diejenigen, welche für Schüler zur Uebung in der lateinischen Umgangssprache geschrieben sind und demgemäss Vorkommnisse aus dem Bereiche des Schullebens oder auch des täglichen Verkehres überhaupt in der Form von Musterbeispielen zum Gegenstande der Unterhaltung machen. Unter der Bezeichnung „Schüler" hier auch die studierende Jugend der Universitäten miteinzubegreifen, die ebenso gut wie die Trivialschüler ihre Vorteile aus solchen Gesprächbüchern gezogen hat, sind wir durch die Thatsache berechtigt, dass in der Zeit, mit welcher wir uns zu befassen haben, noch keineswegs die scharfe Trennung zwischen Schule und Universität bestand, wie sie sich gegenwärtig herausgebildet hat.[1]

Es ist bekannt, dass den Humanisten die Fertigkeit in der Handhabung der lateinischen Sprache als das Ziel ihres Strebens verheissungsvoll vor Augen stand; nicht etwa als hätte es gegolten, der Sprache eine verlorene Herrschaft wieder zu erobern, — wir wissen, dass während des ganzen Mittelalters das Lateinische nicht

---

[1] Dass heute lateinische Schülergespräche wohl kaum noch irgendwo im praktischen Gebrauche sind, ist die natürliche Folge des Umstandes, dass das Lateinische die Rechte einer lebenden Sprache verloren hat. Dass die Methode der Schülergespräche überhaupt aber auch heute noch, ja in allerjüngster Zeit wieder in hervorragendem Masse, gewürdigt wird, beweist ein Blick in die Neuen Lehrpläne für unsere höheren Schulen von 1892. Dieselben ordnen für die zu erlernenden fremden Umgangssprachen, zunächst also das Französische, schon gleich vom ersten Jahre des Unterrichts „Versuche im Sprechen" an und für die dritte Stufe (Obertertia der Gymnasien) geradezu „Sprechen (Frage und Antwort) im Anschluss an Gelesenes und Vorkommnisse des täglichen Lebens" in jeder Stunde. Vgl. Centralblatt für die gesammte Unterrichtsverwaltung in Preussen, Jahrg. 1892, S. 228/29. — Von dieser Pflege der Gespräche in der Schule abgesehen, kann ich noch an unsere beliebten Sprachführer zum allgemeinen Gebrauche des Publikums erinnern.

Texte und Forschungen zur Geschichte d. Erziehung u. d. Unterrichts I.

nur in der Stube des Gelehrten und im Munde des die Welt durchwandernden Studenten, sondern im öffentlichen Verkehre überhaupt, in den Geschäften des Staatsmanns ebenso gut, wie des zu fremden Ländern fahrenden Kaufmanns, das internationale Band des Verständnisses gewesen ist. Neu an den Bestrebungen der Humanisten war nur die ebenso wohlgemeinte wie unglücklich ausgelaufene Absicht, die Sprache von den Schlacken der mittelalterlichen „Barbarei" zu reinigen und sie zu ciceronianischer oder terenzianischer Reinheit und Eleganz zurückzuführen. Während das Mittelalter dem Lateinischen das rein materielle Interesse, sich in demselben eine Universalsprache zu sichern, entgegenbrachte und es durch Umwandlungen und Neubildungen für alle praktischen Bedürfnisse verwendbar machte, unbesorgt, ob von der Klassicität abgewichen wurde oder nicht, hat bei den Humanisten vom ersten Augenblicke an fast lediglich ein Interesse der Form gewaltet.[1]

Das Mittel zur Verwirklichung ihres Traumes von einem Wiederaufleben der reinen Latinität in Wissenschaft und Leben war den jungen Klassikern in einer Reformierung des lateinischen Unterrichts an die Hand gegeben, ein Mittel, für welches sie ihre Kräfte in bewundernswerter Einmütigkeit geopfert haben. Ueberzeugt, dass, wenn überhaupt etwas erreicht werden konnte, es bei der Jugend zu erreichen war, betrachteten sie es als ihre erste Aufgabe, die Knaben von den zarten, noch am meisten empfänglichen Kinderjahren an so früh wie eben möglich an den echten Klang der Sprache zu gewöhnen, ja ein Johannes Sturm hätte es am liebsten gesehen, wenn die Amme sogleich wieder mit den Kindern lateinisch zu sprechen begonnen hätte.[2]

[1] Vgl. F. Paulsen, Geschichte des gelehrten Unterrichts. 2. umgearbeitete und sehr erweiterte Auflage. 1. Bd. Leipzig 1896, S. 46 ff. — F. A. Specht, Geschichte des Unterrichtswesens in Deutschland von der ältesten Zeit bis zur Mitte des 13. Jahrhunderts, Stuttgart 1885, S. 76 ff. — H. J. Kaemmel, Geschichte des deutschen Schulwesens im Uebergange vom Mittelalter zur Neuzeit. Aus seinem Nachlasse herausgegeben von Prof. Dr. O. Kaemmel, Leipzig 1882. S. 167 ff. 378 ff. — K. A. Schmid, Geschichte der Erziehung vom Anfang an bis auf unsere Zeit. Fortgeführt von G. Schmid. 2. Band, 2. Abt. Stuttgart 1889, S. 3 ff, 141 ff. — Vgl. auch besonders die bemerkenswerte Einleitung über Umfang, Ziel und Methode des grammatischen Unterrichts im Mittelalter in D. Reichlings Ausgabe des Doctrinale (Das Doctrinale des Alexander de Villa-Dei. Kritischexegetische Ausgabe mit Einleitung. Verzeichnis der Handschriften und Drucke, Anmerkungen und Register, bearbeitet von Prof. Dr. Dietrich Reichling = Monumenta Germaniae Paedagogica, Bd. 12. Berlin 1893).

[2] Vgl. L. Kückelhahn, Johannes Sturm, Strassburgs erster Schulrektor, Leipzig 1872, S. 66 ff.

Der durch Erlernen des Lesens und Schreibens vorbereitete lateinische Unterricht der Humanistenschulen[1]) pflegte vom Memorieren ganz kurzer auf die allerwichtigsten Erscheinungen beschränkter grammatischer Regeln, für die eine Anzahl neuer Lehrbücher die Richtschnur gaben, auszugehen. Ein jahrelanges Brüten über den dunkelen und weitschweifigen Versen des Alexander de Villa-Dei,[2]) das dem Mittelalter fast 300 Jahre lang als unerlässlich erschienen war, galt den Humanisten als der Inbegriff alles Unverstandes. Mit dem kurzen grammatischen Unterrichte hatte ein Auswendiglernen der notwendigsten Vokabeln Hand in Hand zu gehen. Die lästige Arbeit des Diktierens der Wörter durch den Lehrer oder des Aufschreibens an die Wandtafel ersetzten bald gedruckte meist sachlich geordnete Vokabularien oder Nomenclatoren.[3]) Nachdem der notwendigste Wortschatz gewonnen, war gleich mit der Lektüre guter klassischer Schriftsteller zu beginnen, und zum Auswendiglernen konnten jetzt an die Stelle einzelner Vokabeln kurze bemerkenswerte Sätzchen aus den gelesenen Texten treten. Richtete man bei der Auswahl dieser Phrasen sein Augenmerk auf die Verwendbarkeit zum praktischen Gebrauche, so war damit schon ein wichtiger Schritt zur Möglichkeit einer lateinischen Unterhaltung mit den Schülern gethan. In der ersten Zeit lastete auf dem Lehrer wieder die Mühe des Diktierens, aber schon bald traten auch hier gedruckte Phraseologien aus den beliebtesten Schriftstellern, besonders aus Cicero und Terenz, ans Licht.[4]) Gerade der letztere galt den Humanisten als das vorzüglichste Muster des lateinischen Umgangsstils, die erreichte Annäherung an seine Sprache als der Massstab der Vollkommenheit. Die älteste und für unsere Zwecke wichtigste der terenzianischen Phrasensammlungen, bei welcher wir einen Augenblick verweilen müssen, weil sie von den Dialogschreibern vielfach ausgebeutet worden ist, liegt uns meines Wissens vor in den „Vulgaria

---

[1]) Vgl. u. a. F. A. Eckstein, Lateinischer und griechischer Unterricht. Mit einem Vorwort von Dr. W. Schrader hrsgg. von Dr. H. Heyden. Leipzig 1887, S. 62 ff u. 132 ff.

[2]) Der sorgfältige Neudruck seines Doctrinale von D. Reichling wurde eben schon zitiert.

[3]) Vgl. Eckstein a. a. O. S. 172 ff., Kuemmel a. a. O. S. 187 ff., ferner Joh. Müller, Quellenschriften und Geschichte des deutschsprachlichen Unterrichts bis zur Mitte des 16. Jahrhunderts. Gotha 1882, S. 205 ff. woselbst auch die aus dem Mittelalter auf uns gekommenen Vokabularien aufgezählt sind.

[4]) Vgl. Eckstein a. a. O. S. 184 ff.

Terentii aus den achtziger Jahren des 15. Jahrhunderts.¹) Dieselben umfassen in 6 Abteilungen:
 1) Ea, quae verbo aut scripto salutantes ac adeuntes quempiam dicimus.
 2) Quae narrantis aut percunctantis sunt, quamquam sint paulum sententioliora.
 3) Quae obiurgativa sunt et quae quiddam vehementiae habent.
 4) Quae hortatoria necnon et execratoria sunt cum confirmationum ratione coniuncta.
 5) Sententiae vehementes ad conclusionem seu clausulam accomodatae.
 6) Quae valedicentium sunt.

Ueber die einzelnen lateinischen Phrasen ist jedesmal die deutsche Uebersetzung gedruckt. Das 1. Kapitel beginnt z. B.:
God gruet u Wes gegruet Weest salich in Christo   Ic biede u goeden dach
Salvete!   Salve!   Salvus sis in Christo!   Jubeo te salvere u. s. w.

Eben durch ihre sachliche Anordnung wurden die Vulgaria Terentii zu einer so nützlichen Vorarbeit für die Abfassung von Gesprächen; viel schwerer verwendbar waren Sammlungen, wie sie z. B. Cornelius Graphaeus (eigentlich Cornelis Schryver, geb. 1482 zu Alost in Ostflandern, † 1558 zu Antwerpen) um das Jahr 1530 veranstaltete, indem er die einzelnen Akte der Komödien der Reihe nach durchging und die bemerkenswerten Formeln, wie sie ihm begegneten, hinter einander fügte.²) Um aus den sachlichen Phraseologien ein Gespräch zu gestalten, bedurfte es nur entsprechender Zusammenstellung der Sätze, leichter Verwandlung in

---

¹) Graesse, Trésor de livres rares, Tome VI. Dresden 1864, S. 63 verzeichnet folgende Ausgaben: Vulgaria quedam abs terentio in theutonicam linguam traducta. Antw. impressa per me Gherardum Leeu 1487 XII Kal. mayas in 4°; — ib. 1489; — Daventr. Jac. de Breda 1489 ipso die thimothei; — ib. 1490, 1495, 1499, 1504, 1505. — Mir hat eine von Graesse nicht genannte Antwerpener Ausgabe vom 29. Juni 1487 vorgelegen (K. B. Berlin). Vgl. über das Werk „Max Herrmann, Terenz in Deutschland bis zum Ausgang des 16. Jahrhunderts" im 3. Jahrg. der Mitteilungen der Gesellschaft für deutsche Erziehungs- und Schulgeschichte. Berlin 1893, S. 1 ff. Vgl. besonders S. 11.

²) Vgl. über ihn den Artikel von Ph. H. Külb in Ersch & Grubers Allgemeiner Encyklopädie der Wissenschaften und Künste, I. Sektion, 28. Teil, Leipzig 1868, S. 22.
Die erste Ausgabe seiner „Terentianae phraseos flosculi" erschien wahrscheinlich zu Antwerpen bei Johannes Graphaeus im Jahre 1530. Johannes Pinicianus fügte 1532 eine deutsche Uebersetzung in seinem alemannischen Dialekte zu.

die Form von Frage und Antwort und damit sich von selbst ergebender Verteilung unter 2 oder mehrere Personen. — Mit der Absicht der Humanisten, der reinen lateinischen Sprache für alle Unterhaltung, nicht nur wissenschaftlicher, sondern auch vertraulicher Natur, Eingang zu verschaffen, war ihnen als Thema der Schülergespräche alles vorgezeichnet, worüber ein Schüler zu sprechen in die Lage kommen konnte, d. h. also nicht nur der ganze weite Bereich des Schullebens, sondern auch alle sonstigen Verhältnisse des täglichen Lebens, die einem jugendlichen Gemüte Interesse abzugewinnen imstande waren. Aber selbst auf diese haben sich die Dialogschreiber nicht immer beschränkt, sondern einmal in der Absicht, auch beim Heranwachsen der Knaben zu Jünglingen und Männern noch immer die Führung ihrer Unterhaltung in der Hand zu behalten, und andererseits, um Gefühlen Ausdruck zu verleihen, die sie selbst bewegten, haben sie gelegentlich Stoffe behandelt, die für einen Schüler geradezu als unpassend bezeichnet werden müssen. Indessen sind die Gesprächbücher gerade durch die Mannigfaltigkeit der Unterhaltung für uns zu einer so kostbaren Quelle für die Geschichte des Schülerlebens und die Kulturgeschichte überhaupt geworden, dass ihnen in dieser Beziehung nur wenige Litteraturerzeugnisse jener Zeit an die Seite gesetzt zu werden verdienen. Dieser Umstand hat mich bewogen, den Inhalt sämtlicher Dialoge kurz auszuziehen. Mögen die Auszüge durch eine gewisse Einförmigkeit infolge von Wiederholungen bei den verschiedenen Autoren auch hier und da ermüden, so glaubte ich gleichwohl von einer durchgehenden Inhaltsangabe nicht Abstand nehmen zu sollen, weil die Kulturgeschichte aus der Uebereinstimmung von Ueberlieferungen um so sicherere Resultate zu ziehen vermag.

Der zeitliche Bereich der humanistischen Schülergespräche beginnt nach den vorhandenen Beständen ungefähr mit dem Jahre 1480. Um aber nach der kurzen Andeutung zu Anfang der Einleitung noch weiter dem Irrtum vorzubeugen, dass um diese Zeit überhaupt erst lateinische Gesprächbücher ans Licht getreten wären, soll wenigstens durch ein paar Hinweise zu zeigen versucht werden, dass auch dem Altertum und Mittelalter solche Hilfsmittel nicht fremd gewesen sind, so spärlich auch immer die Reste sein mögen, welche auf uns gekommen.

Der Franzose A. Boucherie gab 1872 aus einer dem 9. Jahrhundert angehörenden Handschrift der Bibliothèque de l'Ecole de médecine de Montpellier eine Sammlung von griechischen und lateinischen Vokabeln und Gesprächen heraus, welche er dem bekannten Julius Pollux, dem Verfasser des Onomasticon, zuteilt und welche also, wenn seine Vermutung richtig ist, bis in den Anfang des dritten, wenn nicht gar in das zweite Jahrhundert zurückreicht.[1]) Den letzten Teil dieser Sammlung, die Gespräche (Καθημερινή ὁμιλία), liess der Humanist Beatus Rhenanus im Anschluss an den ersten Teil der Grammatik des Theodor Gaza bei Froben in Basel im November des Jahres 1516 drucken, ohne jedoch von dem hohen Alter des Buches eine Ahnung zu haben.[2]) Er spricht in der Widmung von dem „libellus . . . iam olim a studioso quopiam Graece ac Latine mediocriter callente e dictionariis non infeliciter omnino concinnatus." — Auch die kleine Sammlung von griechisch-lateinischen Gesprächen, welche Johannes Reuchlin im Jahre 1489 Johann von Dalburg gewidmet[3]) und A. Horawitz im ersten Stücke seiner Griechischen Studien[4]) nach einer Handschrift der Königl. Oeffentlichen Bibliothek zu Stuttgart zum ersten Male mitgeteilt hat, ist nichts als eine an den meisten Stellen wörtlich mit der Vorlage übereinstimmende Bearbeitung des Anfangs der „Καθημερινή ὁμιλία". Später erscheint dieselbe in Adam Sibers Libellus scholasticus nochmals wieder.[5]) — Aus dem Mittelalter hat Wilhelm Grimm nach einer Vaticanischen Sammelhandschrift aus dem Anfange des 9. Jahrhunderts ein kleines Bruchstück eines deutsch-lateinischen Wörter- und Gesprächbuches abgedruckt, das vermutlich von einem Mönche herrührt, der aus dem inneren Gallien nach Deutschland kam.[6]) Die Gespräche bewegen

---

[1]) Ἑρμηνεύματα (καὶ) καθημερινή ὁμιλία de Julius Pollux publiés pour la première fois par A. Boucherie, in:Notices et extraits des manuscrits de la Bibliothèque nationale, Tome 23, II partie, Paris 1872, S. 277–494.

[2]) THEODORI Gazae Thessalonicensis, Grammaticae institutionis libri duo, nempe ‖ Primus & Secundus etc. COLLOQUIORUM FAMILIA rium incerto autore libellus Graece & ‖ Latine, non pueris modo, sed quibusvis, in cottidiano colloquio, graecum ‖ affectantibus sermonem, impendio futu rus utilis, nunquam antehac typis excusus. ‖ Bl. 72a Z. 13 [am Schluss des 1 Buches von Th. Gaza]: BASILEAE APUD JOANNEM FROBENIUM. ‖ Mense VIIIbri an. ‖ M.D.XVI (U. B. Göttingen).

[3]) Johann Reuchlins Briefwechsel gesammelt und herausgegeben von Ludwig Geiger (Bibliothek des litterarischen Vereins in Stuttgart, CXXVI, Tübingen 1875), S. 24. Vgl. L. Geiger, Johann Reuchlin, sein Leben und seine Werke, Leipzig 1871, S. 100.

[4]) In: Berliner Studien, 1. Bd., Berlin 1884, S. 441 ff

[5]) Libellus scholasticus educationi puerili confectus opera Adami Siberi. Lipsiae, Joannes Rhamba excudebat anno M.D.LXXXII.

[6]) Altdeutsche Gespräche von Wilhelm Grimm, in: Abhandlungen der Kgl. Akademie der Wissenschaften zu Berlin. Aus dem Jahre 1849. Berlin 1851. Phil. u. hist. Abt. S. 415–436. — Nachtrag in den Abhandlungen aus dem Jahre 1851. Berlin 1852. Phil. u. hist. Abt. S. 235–255.

sich in den Vorkommnissen des gewöhnlichen Lebens entsprechend der Bestimmung eines Handbuches für Reisende. Während Grimm für den deutschen Teil einen althochdeutschen Text zu gewinnen suchte, wurde derselbe von Weinhold in den fränkischen Dialekt umgesetzt.[1] — Aus dem 11. Jahrhundert besitzen wir ein lateinisches Schüler-Gesprächbüchlein mit angelsächsischer Linearversion von dem angelsächsischen Benediktiner Aelfric.[2] — Auf der Universitäts-Bibliothek zu Heidelberg wird in einer Handschrift des 15. Jahrhunderts ein „Lateinisch-italienisch-slavisch-deutsches Gesprächbüchlein" aufbewahrt (K. Bartsch, Katalog der Handschriften der Universitäts-Bibliothek Heidelberg. Bd. 1. No. 398). Noch jünger ist ein für den lateinischen Sprachunterricht des nachmaligen Kaisers Maximilian I. kurz nach dem Tode der Kaiserin Eleonore am 3. September 1467 wahrscheinlich von einem seiner Erzieher zusammengestelltes kurzes Gesprächbuch, das, falls der Humanist Aeneas Sylvius wirklich bei der Abfassung seine Hand im Spiele gehabt haben sollte, sogar in unsere Untersuchung aufzunehmen gewesen wäre.[3] Da letzteres jedoch nicht erwiesen und die biblischen Zitate des Werkchens die klassischen aus Ciceros Officien, Vergil, Cato u. a. noch bei weitem überwiegen, glaubte ich dasselbe noch nicht unter die Erzeugnisse des Humanismus rechnen zu dürfen.

Die Schauplätze, auf welche wir im Verfolge unserer Gespräche zu treten haben werden, gehören zum weitaus grössten Teile Deutschland an, von den übrigen Ländern haben Holland, Belgien und die Schweiz den meisten Anteil genommen. Italien hat sich gänzlich ausgeschlossen; England führte die ihm tauglich erscheinenden Erzeugnisse aus dem Ausland ein; Frankreich hatte den einzigen auf diesem Felde thätigen Sohn seines Landes vertrieben, ehe er seine Dialoge schrieb, doch spielt Paris gleichwohl wiederholt eine Rolle in den verschiedenen Gesprächbüchern. Wenn ich die bedeutendsten Stationen unserer Wanderung im voraus

---

[1] K. Weinhold, Ueber die Bruchstücke eines fränkischen Gesprächbüchleins in den Sitzungsberichten der Wiener Akademie, Phil. hist. Cl. 71. Bd. 1872, S. 767 ff.

[2] Colloquium ad pueros linguae latinae locutione exercendos, ab Aelfrico primum compilatum et deinde ab Aelfrico Bata, eius discipulo, auctum, Latine et Saxonice. Abgedruckt u. a. in Anglo-Saxon and Old-English vocabularies by Th. Wright, 2. edition by R. P. Wülcker, Vol. 1, London 1884, S. 89—103.

[3] Abgedruckt von G. Zappert, Ueber ein für den Jugendunterricht Kaiser Maximilians I. abgefasstes lateinisches Gesprächbüchlein, in den Wiener Sitzungsberichten, Phil. hist. Cl. 28. Bd. 1858, S. 193—280.

kurz bezeichnen soll, so werden wir uns zunächst nach Heidelberg
wenden, um aus dem schon mehrfach verwerteten Manuale scholarium Nachrichten über die dortigen Universitäts-Verhältnisse um
1480 zu entnehmen. Mit Paulus Niavis gehen wir einige Jahre
später nach Chemnitz und nach Leipzig, mit Andreas Huendern
und Laurentius Corvinus in schlesische Trivialschulen zu Anfang
des 16. Jahrhunderts. Desiderius Erasmus beginnt sein Werk am
Ende des 15. Jahrhunderts zu Paris und erweitert es später in zahlreichen Redaktionen mit allgemeinen Ausblicken. Petrus Mosellanus und Christophorus Hegendorffinus geleiten uns 1517
und 1520 nach Leipzig zurück, bald in Trivialschulen, bald an die
Universität. Hadrianus Barlandus schildert 1524 Löwener Verhältnisse. Hermannus Schottennius kölnische im folgenden Jahre.
Mit Sebaldus Heyden treten wir 1528 in die Sebaldus-Schule
zu Nürnberg. Seinem Werke wurde später das des Holländers
Jacobus Zovitius angereiht, der zu Breda und zu Hochstraten
Rektor war. Jonas Philologus erzählt 1529 von früheren Deventer
Erlebnissen. Der Spanier Ludovicus Vives führt 1538 bald nach
Paris, bald nach Flandern, einige Male auch in seine Vaterstadt
Valencia. Nicolaus Winmannus schrieb 1544 für die Schüler
zu St. Jakob in Neisse. Martinus Duncanus geleitet uns
1552 in seinem holländischen Vaterlande umher, und mit dem
Franzosen Mathurinus Corderius endlich kehren wir 1564 in
Genf ein. Zwischen diesen Hauptstationen werden wir noch an
verschiedenen kleineren Orten für kurze Zeit Halt zu machen haben.

Ihre Entstehung verdankt die vorliegende Arbeit einer Anregung
des Herrn Professor Dr. Karl Kehrbach, der in seinem „Kurzgefassten
Plan der Monumenta Germaniae Paedagogica" unter der Rubrik der
lateinischen Uebungsbücher des Humanismus eine Zusammenstellung
der wichtigsten Colloquien-Sammlungen gegeben und die Behandlung
derselben in einem besonderen Bande angelegentlichst empfohlen
hat.[1]) Die einzige grössere Vorarbeit war in dem 1878 erschienenen
französischen Werke von L. Massebieau: Les colloques scolaires
du seizième siècle et leurs auteurs (1480—1570) [Paris, J. Bonhoure
& Cie.] geliefert[2]). Massebieau gebührt das Verdienst, zuerst das

---

[1]) K. Kehrbach, Kurzgefasster Plan u. e. w. Berlin [1884] A. Hofmann
u. Comp. S. 32.
[2]) R. Hirzel hat in seinem neuen verdienstvollen Werke „Der Dialog,
ein literar-historischer Versuch, Teil 1 u. 2, Leipzig 1895" das Altertum
zum Gegenstand eingehender Untersuchung gemacht und das Mittelalter
und die neueren Zeiten „nur anhangweise" behandelt. Von unsern Dialogschreibern ist nur Erasmus eine kurze Erwähnung zu teil geworden.

Interesse für die wichtigen Litteraturerzeugnisse geweckt zu haben. Er beschränkt sich im wesentlichen auf die Erscheinungen des 16. Jahrhunderts, giebt aber eine kurze Uebersicht über die Geschichte der Gespräche vom Manuale an. Niavis, Huendern, Corvinus, Winmannus, Duncanus und Zovitius sind ihm unbekannt geblieben, von Heyden erwähnt er nur den Namen, Hegendorffinus und Jonas Philologus werden mit ein paar Worten abgemacht. Massebieaus Ausführungen sind fast lediglich Mosellanus, Schottennius, Barlandus, Vives und Corderius zu Gute gekommen, über deren Leben und Wirken mit vielem rhetorischen Pathos berichtet wird. Ein grosser Mangel des Werkes liegt in der Beschränktheit des dem Verfasser zugänglich gewesenen bibliographischen Materials, welche zu vielen Irrtümern Anlass gegeben hat. Durch Nachforschungen an fast 40 deutschen und ausserdeutschen Bibliotheken bin ich in Stand gesetzt, die bibliographischen Angaben Massebieaus ganz wesentlich zu ergänzen und zu berichtigen.

Ich erkenne auch in dieser Beziehung dankbar eine Anregung unserer Gesellschaft für deutsche Erziehungs- und Schulgeschichte an, die eine exakte Pflege der Bibliographie zu einem ihrer obersten Grundsätze gemacht hat.

Für bereitwillige Unterstützung meiner Arbeit habe ich zu danken den verehrlichen Verwaltungen der Universitäts-Bibliotheken zu Bonn, Breslau, Erlangen, Freiburg i. B., Gent, Giessen, Kiel, Königsberg, Leiden, Leipzig, Löwen, Marburg, München, Münster, Rostock, Strassburg, Tübingen und Würzburg, der K. K. Hof-Bibliothek zu Wien, der Königlichen Bibliotheken zu Berlin, Dresden, Düsseldorf, Erfurt, Haag, Hannover und Stuttgart, der Grossherzoglichen Bibliotheken zu Darmstadt und Weimar, der Herzoglichen Bibliotheken zu Gotha und Wolfenbüttel, der Ständischen Landesbibliothek zu Kassel, der Stadtbibliotheken zu Augsburg, Chemnitz, Frankfurt a. M., Hamburg und Lübeck, sowie der Ratschulbibliothek zu Zwickau. Zu ganz besonderem Danke aber hat mich die Königlich Bairische Hof- und Staats-Bibliothek zu München verpflichtet, welche immer gern von ihren reichen Schätzen in Fülle mir mitzuteilen bereit gewesen ist.

Aus äusseren Gründen erscheint diese Arbeit in zwei Teilen, von denen jeder genau einen Zeitraum von 40 Jahren umfasst. Der erste reicht vom Manuale scholarium (c. 1480) bis zu den Dialogen des Hegendorffinus (1520) einschliesslich, der zweite von Barlandus (1524) bis Corderius (1564).

1) Das Manuale scholarium.

Dieses meines Wissens älteste der Gesprächbücher aus der Frühzeit des deutschen Humanismus, mit ausführlichem Titel: „Manuale scholarium, qui studentium universitates aggredi ac postea in eis proficere instituunt", gehört zu den schon bekannteren, seitdem es F. Zarncke im 1. Beitrag seiner „Deutschen Universitäten im Mittelalter"[1]) in einem Neudrucke bequem zugänglich gemacht hat. Ich verweise bezüglich der Bibliographie auf Zarnckes ausführliche Beschreibung der zu Grunde gelegten, sämtlich dem Ausgange des 15. Jahrhunderts angehörenden Ausgaben[2]), ziehe aber den Inhalt der Gespräche kurz aus, weil wir bei den späteren Dialogen wiederholt auf dieselben Bezug zu nehmen haben werden. Ich bemerke ferner gleich hier, was unten zu beweisen sein wird, dass wir uns an die Universität Heidelberg zu versetzen haben.

1) Ein Schüler bittet einen Magister, ihm dazu zu verhelfen, dass er in die Matrikel der Universität eingetragen und vom „beaninm" befreit werde. Er ist aus Ulm, seine Eltern sind mässig bemittelte Handwerker. Der Magister ist bereit, ihn behufs Intitulation zum Rektor zu führen. Für die nach derselben vorzunehmende „depositio beanii"[3]) schlägt er sein

[1]) F. Zarncke, Die Deutschen Universitäten im Mittelalter. 1. Beitrag Leipzig 1857, S. 1—48.
[2]) A. a. O. S. 221 ff.
[3]) Vgl. über die Aufnahmegebräuche A. Thorbecke, Geschichte der Universität Heidelberg. Abt. 1: Die älteste Zeit. 1386—1449. Heidelberg 1886, S. 54 ff. In der Matrikel wird die Depositio zuerst am 17. Juli 1454 erwähnt und seitdem bis 1532 nicht wieder. Vgl. G. Toepke, Die Matrikel der Universität Heidelberg von 1386 bis 1662. 1. Tl. Heidelberg 1884, S. 278. — Vor kurzem erschien eine Monographie über die Depositio von W. Fabricius, welcher unserer Stelle als der einzigen deutschen vorreformatorischen Quelle eine besondere Würdigung zu teil werden lässt (Die Akademische Deposition [Depositio Cornuum]. Beiträge zur Deutschen Litteratur- und Kulturgeschichte, speziell zur Sittengeschichte der Universitäten. Von Dr. Wilhelm Fabricius. Frankfurt a. M. 1895. Vgl. S. 8 u. 36 ff.). Ich verweise auch auf den Appendix über die Bezeichnungen bejaunus, bean und Bacchant, in welchem Fabricius den Nachweis liefert, dass die beiden Bezeichnungen Bean (vom französischen becjaune) und

Zimmer (aestuarium) vor. Er will noch 3 Magister, 2 Baccalauren und
einige von seinen Pfleglingen (socii) einladen. So werden die Kosten nicht
allzu gross werden, und es wird auch keiner dem Ankömmlinge übermässige
Sparsamkeit vorwerfen können. Etwaige Spottreden mahnt der Magister
ruhig hinzunehmen, da sie allgemein bei dem Akte üblich seien.

2) An Neckereien, stellenweise recht derber und zweideutiger Natur,
lassen es die beiden Baccalauren Camillus und Barthold denn auch nicht
fehlen. Sie geben vor, einen übelen Gestank zu riechen und suchen lange
nach der Ursache, bis sie endlich den Bean entdecken. Darauf beginnen
sie die Depositio mit all ihren Förmlichkeiten: dem Absägen der Hörner
(cornua deponere) von einer übergeworfenen Ochsenhaut, dem Ausbrechen
der Zähne, dem Abrasieren des Bartes, dem Salben und Pilleneingeben und
der Beichte. Bei letzterer geht es besonders roh her. Barthold sagt dem
armen Opfer seine Sünden vor, unter denen das Laster der Unzucht
natürlich die Hauptrolle spielt. Die Freisprechung steht dem Magister zu.
Barthold mahnt am Schlusse noch, am Abend recht freigiebig zu sein und
gute Weine auszusuchen.

3) Barthold belehrt Camillus, dass 9 lectiones und 6 exercitia zur
Erlangung des Baccalaureats erforderlich seien. In einer mutatio — wir
würden sagen in einem Semester — mache man 3 lectiones und 2 exercitia
durch, das ganze Pensum könne demnach in 1½ Jahren absolviert werden[1]).
Camillus' Vermutung, dass es genügen würde, den Anfang und den Schluss
der Vorlesungen zu hören, weist Barthold mit dem Bemerken zurück, dass
jetzt jeder, bevor er zum Examen zugelassen würde, beschwören müsste,
wie oft er gefehlt. Das Vorlesungsverzeichnis (intimatum) für das
kommende Semester hat Barthold schon eingesehen. An lectiones gedenkt
er zu hören: um 6 Uhr Magister Jodocus über die libri elenchorum, und
zwar „prope valvam ecclesiae S. Spiritus", um 7 Uhr Magister Petrus über
die libri physicorum an demselben Orte, nachmittags Magister Jacobus

---

Bacchant (von bacchari = vagari, d. h. durchs Land laufen und betteln) bis
ins 18. Jahrhundert hinein, aber nur in deutschen Quellen gleichbedeutend
nebeneinander herlaufen. Er hat die beiden Namen zuerst in einer
Sammel-Handschrift der Königsberger Univ.-Bibliothek von c. 1450—70
unter dem Titel „Epistola admodum pulcra de beano superbo et studente
humili" durcheinander gebraucht gefunden und zieht aus den betreffenden
Stellen den Schluss, dass „mit Bean oder Bacchant der Klosterschüler im
Gegensatz zum studens = Universitätsstudent bezeichnet werden soll und dass
die Beane von Ulm, wo eine stark besuchte Klosterschule war, als typisch
galten (Bacchantenherberge zu Ulm)." Zum Vergleich holt Fabricius
unseren Ulmer Schüler heran, mit dem der aus der Königsberger Handschrift auch den Namen Johannes teile. Wir werden auf diesen Namen
bei Niavis zurückkommen. Auch auf die nicht einwandfreie Datierung des
Manuale durch Fabricius wird unten einzugehen sein. — Vgl. auch G.
Kaufmann. Die Geschichte der deutschen Universitäten. 2. Bd. Stuttgart
1896. S. 232 ff.
[1]) Vgl. Kaufmann a. a. O. S. 301.

über die libri de anima im paedagogium¹). Exercitien will er mitmachen bei seinem Magister in der Wohnung über die parva logicalia und bei Magister Johannes über die vetus ars. Bezüglich der resumptiones, d. h. der meist von Baccalaureu vorgenommenen Repetitorien hat er noch keinen bestimmten Entschluss gefasst, er überlege sich die Sache reiflich, weil viele behaupteten, dass man in den Repetitorien mehr profitiere als in den Vorlesungen und Uebungen.

4) Camillus und Barthold streiten über den Vorrang der Realisten oder der Modernen, d. h. der Nominalisten. Camillus vertritt die ersteren mit ihrem Hauptlehrer Albertus Magnus, Barthold die Modernen mit Thomas von Aquin, die z. B. in Wien²) und Erfurt³) vollständig die Herrschaft führten, wie das früher auch am Orte der Fall gewesen wäre⁴). Auf Camillus' Vorschlag, dann zum Magister Jodocus zu gehen, welcher dem Scotus folge, erwidert Barthold, dass den alle mit Hass verfolgten, worauf Camillus wieder bemerkt, dass dieses darin seinen Grund habe, dass die Jünger „subtilissimi Scoti" in dessen Gelehrsamkeit nicht einzudringen vermöchten.

5) Bartholds abfälliges Urteil über Terenz als einen Verderber der guten Sitte giebt Camillus Veranlassung zu einer Verteidigungsrede der Dichter. Magister Conrad Schvitzer⁵) hat eine Erklärung der terenzianischen Komödien angekündigt. — Des Camillus Entschluss, juristische Vorlesungen zu hören, billigt Barthold, obwohl dieses Studium schwer und wegen der vielen erforderlichen Bücher kostspielig wäre. Auf seine Eröffnung hin, dass er selbst auch gerne Jurisprudenz treiben würde, wenn es ihm seine Mittel gestatteten, macht ihm Camillus das Anerbieten, seine Bücher mitzubenutzen.

6) Camillus holt Barthold von den Büchern weg zu einem Spaziergang ab. Auf dem Wege weist er einmal „trans Neckarum" nach dem anmutigen Plätzchen hin, zu dem er den Freund zu führen beabsichtigt.

---
¹) Vgl. über diese Vorlesungen Zarncke a. a. O. S. 228.
²) Vgl. J. Aschbach, Geschichte der Wiener Universität im ersten Jahrhunderte ihres Bestehens. Wien 1865. S. 80ff.
³) Ueber den Unterrichtsbetrieb an der Universität Erfurt vgl. die Akten der Erfurter Universität, bearb. von Dr. J. C. Hermann Weissenborn. 2 Tle. (Geschichtsquellen der Provinz Sachsen 8 1. 2.) Halle 1881/4. 1. Tl. S. 5ff., 2. Tl. S. 122ff.
⁴) Die Herrschaft der Modernen in Heidelberg hatte etwa bis 1452 gedauert, bis zu der Universitäts-Reform Friedrichs I., welche bestimmte, dass beide Richtungen „fruntlich und zuchtlich" neben einander bestehen sollten und dass man auch von den Realisten die Tauglichen „zu baccalarien und meister mache und promovir." Vgl. Urkundenbuch der Universität Heidelberg. Hrsgg. von Eduard Winkelmann. 1. Bd. Heidelberg 1886. S. 163 (No. 109). Vgl. auch S. 165.
⁵) Der Name Schvitzer (in verschiedenen Formen) begegnet uns seit 1434 wiederholt in den Heidelberger Immatrikulationslisten. Vgl. Toepke, Die Matrikel etc. 1. Tl. S. 206, 305, 332, 368, 419, 425.

7) Barthold erscheint als Fremder — er kommt von Erfurt — auf dem Wege „Heidelbergam versus" und erkundigt sich bei Camillus, der ihm vor der Stadt begegnet sein muss, nach den dortigen Verhältnissen. Dieser erzählt, während in Erfurt die Modernen herrschten, liesse man in Heidelberg die verschiedenen Richtungen neben einander bestehen, und ein jeder wähle nach seinem Geschmacke. Die bursae wären alle überfüllt, doch würde der Pedell vielleicht noch eine Unterkunft wissen.

8) Camillus und Barthold sitzen beim Mahle. Barthold benimmt sich höchst ungeschlacht. Erst unterlässt er das Gebet, dann schimpft er über das weiche Kalbfleisch, vor allem aber greift er für sich immer die besten den Baccalauren gebührenden Portionen heraus. Camillus gerät mit ihm wegen seines Betragens in ernstlichen Wortwechsel.

9) Camillus und Barthold sind in heftigem Streit und werfen sich gegenseitig den Bruch der alten Freundschaft vor. Barthold hat Camillus neulich angezeigt, als er die resumptio verschlafen, und nun soll er ihm noch dazu ein Buch weggenommen haben. Camillus dagegen sei immer lieblos und hart bei seinen Ermahnungen u. s. w. Nach gründlicher gegenseitiger Aussprache wird das zerrissene Band wieder angeknüpft.

10) Camillus muss infolge eines Drohbriefes vom Vater endlich zum Examen schreiten, fühlt sich aber bei weitem noch nicht genügend vorbereitet. Für solche Fälle weiss Barthold Rat. „In unserer Zeit ist viel zu erreichen durch Geschenke", bemerkt er und schlägt dem Freunde vor, die Lehrer vorher zu einem guten Mahle einzuladen, dann würden sie ihm alle gewogen sein.

11) Camillus kommt wieder mit Klagen. Er ist zwölfmal „in lupo" [1])

---

[1]) Die mit dem Namen „lupus" belegte Einrichtung aus den Schülern genommener heimlicher Aufpasser, welche uns wiederholt in den Gesprächbüchern begegnen wird, ist drastisch beschrieben in der „Memminger Schulordnung um d. J. 1513" (Abgedruckt bei Joh. Müller, Vor- und frühreformatorische Schulordnungen und Schulverträge, Zschoppau 1885, Abt. 2, S. 186): Es hat och der schulmayster gewonlich ain lupum in der schul, der schribt im an von wort zu wort alles das er ain yeden hert tiutsch reden. Den selbig lisd er der wochen oder uff das lengst zu fierzechen tagen ain mal und schwingt die schuler um das selbig tiutsch reden. Von ainem puncto geherrte ain straich. Doch richt er nach gestalt der sach, ob der schuler schlechtiglich tiutsch geredt oder geschworen hatt. Es ist och in dem selbigen lupus den grossen schulern nach gelassen, ob sy nit wellent gestrichen werden, das ainer von dryen puncten mag ain haller geben. Das selbig gelt samlet in der schulmayster und git ins wider by ainen haller zu vertrincken, wan sy uff dem dicken riss in den rütten sind, wie wol er von lupus gerechtigkayt in allen schulen ainen schulmayster zugehorte. Vgl. auch Mittellungen d. Gesellsch. für Deutsche Erziehungs- und Schulgesch. Bd. II (1892) S. 96; ferner Paulsen a. a. O. Bd. 1, S. 23. Innerhalb des ersten Bandes der Monum Germ. Paedag. (Braunschweig, Schulordnungen) wird der lupus ebenfalls öfter erwähnt, s. S. 68, 81, 82, 83, 90, 91, 92, 94 u. 95. Vergl. dazu Koldeweys Anmerkungen MGP I, S. 548.

gewesen, d. h. von einem, der sich jedenfalls äusserlich fromm wie ein Schaf gestellt habe und von ihm noch nicht aufgespürt worden sei, angezeigt worden, weil er nicht lateinisch gesprochen. Ausserdem ist er viermal in der Küche abgefasst, wofür er nach den Statuten eine Geldstrafe zu entrichten hat. Wenn er diese innerhalb eines Monates nicht gezahlt, versammeln sich die Lehrer „in stuba communitatis" und fordern die Summe ein. Säumt er alsdann noch, so wird ihm die Strafe verdoppelt, und schliesslich wird er beim Rektor angezeigt. Barthold rät Camillus, anstatt zu schimpfen, sein Unrecht einzusehen. Ein energisches Einschreiten der Lehrer thue oft Not. Es sei z. B. häufig in der Curia vor den Fenstern ein Schmutz von dem Urin[1]), dass die Vorübergehenden — und unter ihnen neulich sogar ihr Fürst Philipp — kaum den Geruch hätten aushalten können. Dazu hätten auch noch einige Genossen am hellen Tage vorbeispazierende Lehrer zu verhöhnen gewagt. Nach diesen Vorstellungen Bartholds sieht Camillus sein Unrecht ein.

12) Camillus ist in einer Vorlesung über die Bücher de anima gewesen, hat aber kein Wort verstanden. — Barthold ist wegen statutenwidriger Kleidung zum Rektor citiert („Quod pectorale defero ac collirium cancellatum, et vidit camisiam meam plicatam, quasi solus essem, qui defert!*)[2]). — Barthold und Camillus gehen zu einer Disputation. Die Respondenten verfechten ihre Sache energisch, aber Magister Johannes Rechenmacher[3]) fährt sie allzu heftig an. — Von einer disputatio serotina[4]) ist Barthold garnicht befriedigt. — Die Freunde besprechen die neue Verordnung, „ne amplius illi, qui phisicorum nuncupantur, ad soleas ducentur"[5]).

[1]) Von der Universität Leipzig ist uns ein „Mandatum de non effundenda urina aut proiiciendis pulveribus de domibus paedagogii" erhalten in dem Libellus formularis universitatis studii Lipczensis conscriptus per Johannem Fabri de Werdea. 1495. Abgedruckt bei Zarncke a. a. O. S. 185/6.

[2]) Vgl. die Kleider- und Bursenordnung von 1469 — mit Abänderungen von 1470, Juni 18 — im Urkundenbuch der Universität Heidelberg 1. Bd. S. 186 (No. 127). Vgl. auch Kaufmann a. a. O. Bd. 2. S. 82ff.

[3]) Ein „Jodocus Rechenmacher de Memmingen cler. Augustensis dyoc." wurde im Jahre 1451 in Heidelberg immatrikuliert. Vgl. Toepke a. a. O. Tl. 1, S. 270.

[4]) Solche disputationes serotinae, so genannt, weil sie nach dem Essen gehalten wurden, fanden täglich im Kollegium statt. Es waren im allgemeinen Repetitionen der Kollegiaten aus den Vorlesungen. Vgl. E. Horn. Die Disputationen und Promotionen an den deutschen Universitäten vornehmlich seit dem 16. Jahrhundert (11. Beiheft zum Centralblatt für Bibliothekswesen). Leipzig 1893, S. 7 8.

[5]) Vgl. ein Mandatum, ne aliquis opponentem vel respondentem etc. in serotina disputatione impediat im Libellus formularis universitatis studii Lipczensis, a. a. O. S. 171/2.

13) Camillus ist bei der Verlesung der Schulgesetze (statuta[1]) zugegen gewesen. Barthold hat dieselben schon so oft anhören müssen, dass sie ihm zum Ekel sind. -- Camillus bittet Barthold um endliche Rückzahlung des geliehenen Geldes. Er hat nicht soviel, um einen Boten mit einem Briefe an die Eltern schicken zu können. — Ein anderes Mal bettelt er Barthold für kurze Zeit um 3 albi an. — Bartholds Eltern sind beide gestorben, er denkt nach Hause zurückzukehren, um ihren reichen Besitz zu übernehmen. — Camillus kommt mit der Nachricht, in seiner Heimat wüte die Pest dermassen, dass jeder Tag über 30 Tote zählte.

14) Barthold hat in der Kirche die jüngere Tochter des Gabriel Schwartz gesehen und sich auf der Stelle in sie unsterblich verliebt. Camillus rät jedoch zu grosser Vorsicht, da sie „menstruosa et iam venenosa" sei. Da Barthold diese Worte nicht versteht, klärt ihn Camillus auf über die Menstruation der Frauen. Sie seien in den Tagen derselben so gefährlich, dass wer sie ansähe, nicht ohne Herzeleid davonkomme. — Camillus steht im Begriffe, zum Rathaus zu gehen, wo Tänze aufgeführt werden sollten und „engelgleiche" Frauen und Jungfrauen zu schauen wären, lässt sich aber durch Bartholds Verwünschungen des weiblichen Geschlechts bewegen, fern zu bleiben und sich den Wissenschaften zu widmen. — Auch von seinem Plane, Arnold zu besuchen, in dessen Hause er schöne Mädchen treffen würde, bringt ihn Barthold ab

15) Camillus ist von dem Anblicke eines vorübergehenden Mädchens hingerissen worden. Spöttisch fragt ihn Barthold, was da das Schwert eines starken Mannes vermögen würde. — Endlich ist Barthold auch einmal verliebt, er zeigt Camillus voll Seligkeit ein Kleinod, einen von zarter Hand geschenkten Ring. Camillus' bissiger Rat, einmal zu sehen, ob der Schönen — es ist die älteste Tochter eines Richters — nicht der Leib schwelle und ein paar Erklärungen dazu genügen aber, ihm von seiner thörichten Liebe gründlich zu kurieren. — Dafür muss Barthold dem Camillus noch einmal wieder den Gedanken, zu abendlichen Reigentänzen zu gehen, aus dem Sinn schlagen.

16) Camillus fühlt an seinem Kopfe, dass die Hundstage nahe sind. Barthold glaubt, dass ihm alle Zeit „in cane" wäre. — „Die Fürsten kommen! Hörst du die Flöten nicht?" ruft Camillus Barthold zu und will forteilen, den Zug zu schauen Doch Barthold schilt ihn ein Weib, dass er alles sehen müsse, und will ihm lieber einen interessanten Brief Ciceros zeigen. — Barthold kommt von der Vorstellung eines Spassmachers. Magister N. hat ihn mitgenommen und für ihn den Denar ausgelegt. Mit Recht wirft ihm Camillus vor, dass er andere immer vor solchen Schauspielen warne und sich selbst ihnen beizuwohnen erlaube. — Camillus lädt Barthold ein, mit zur Kirche zu gehen, ein Mönch aus Italien würde predigen. Barthold fragt, ob es vielleicht der Dicke wäre, „qui fuit Heidelbergae apud minores?" Als Camillus es bejaht, mag er nicht mit-

---

[1] Die damals wohl noch gültige Statutenredaktion von 1454 Ian. 5. siehe im Urkundenbuch der Universität Heidelberg, 1. Bd. S. 170ff. (No. 112).

gehen, den hat er schon oft gehört und ist nie sonderlich erbaut von ihm
gewesen. — Die Einladung des Camillus, mit zum Markte zu den „hastiludia" zu gehen, schlägt Barthold als thöricht ab.

17) Barthold kommt von der Universität und muss sich von Camillus
gehörig ausfragen lassen. Das Baccalaureat hat er noch nicht erlangt,
will sich aber in der nächsten Zeit dem Examen unterziehen. Alle
Kollegien und Bursen sind überfüllt; am meisten blüht die facultas artium.
Was die verschiedenen Richtungen anlangt, so sind die Modernen, die de
via doctoris sancti (Thomas) wohl in der Ueberzahl, wenigstens sind die
älteren Lehrer, namentlich die de natione Suevorum, modern, aber die
Scholaren haben wenig Zuneigung zu ihnen. Albertus, dem doctor magnus,
folgen nur 3 oder 4 zu Köln promovierte Lehrer und ebenso viele vielleicht
dem doctor subtilis. — Die Nahrungsmittel sind billig mit Ausnahme
des Brotes. Der Weizen ist teuer. Camillus bemerkt, das sei nicht in
Leipzig allein der Fall, vor einigen Tagen hätten sie am Ort auch kaum
bei einem Bäcker Brot gefunden. Aber das Leipziger Bier wäre schlecht.
„Wir sind gewohnt „rastrum"[1]) zu trinken," erwidert Barthold. Camillus
erkundigt sich zum Schlusse noch, was ein Verwandter von ihm, der grosse
Lust zum Universitätsstudium (studium universale), aber keine Mittel besitze, am besten anzufangen hätte.

18) Als Anhang folgen noch 6 Formeln „De modo petendi personas
honestas aut ad prandium aut ad collationes" und 2 „Baccalaureandi".

Der Verfasser des Manuale ist nicht bekannt,[2]) auch der Ort
und die Zeit seines Entstehens nicht mit Sicherheit zu bestimmen.
Die 5 Drucke, welche Zarncke vorgelegen haben, sind sämtlich
s. l. et a. erschienen, doch teilt Hain (Repert. bibliogr. No. 10738)
Zarnckes Ausgabe A dem Ulmer Drucker Conrad Dinckmut zu.
Auf Grund dieser Angabe, sowie des Umstandes, dass der neue
Schüler, welcher im 1. Kap. vor dem Magister erscheint, ein Ulmer
ist, vermutet Zarncke, dass das Werkchen in Ulm entstanden und
zuerst gedruckt wäre, und dass seine Ausgabe A, wenn wir nicht
gar die editio princeps selbst in ihr besässen, dieser doch nahekäme. Die Sache ist immerhin sehr zweifelhaft, besonders nach
dem, was oben in der Anmerkung zum 1. Kap. über die Ulmer
Beane gesagt ist. Sicher erscheint mir nur der Schluss, dass das

---

[1]) Für diese in Leipzig damals übliche Bezeichnung des Bieres findet
sich in der Abhandlung „De generibus ebriosorum et ebrietate vitanda
(1515)", abgedruckt bei Zarncke a. a. O. S. 116-154, auf S. 144 folgende
Erklärung: „Lypsensium vero cerevisiam studentes vocant rastrum, metaphora puto sumpta ab agricolis, quod, quemadmodum hi rastris et surculis
et ligonibus omnem agri duritiam vertunt et emolliunt, ita Lypsensium
cerevisia velut rastrum intestina omnia sua acetositate laedit, movet et
corrumpit."

[2]) Auf eine Vermutung soll unten bei Niavis eingegangen werden.

Manuale zwischen 1476 und 1481 entstanden, da einmal der Fürst
Philipp, welcher in Kap. 11 genannt wird — es ist ohne Zweifel
Philipp der Aufrichtige von der Pfalz — im Jahre 1476 zur Regierung kam und auf der anderen Seite Panzer, Annales typogr. I,
23, 35 und nach ihm Hain, No. 10740, einen Strassburger Druck
von Martin Flach mit dem Datum 1481 verzeichnet. Fabricius
setzt in seiner oben zitierten Schrift über die Akademische Deposition, S. 8, Anm. 10, die Veröffentlichung des Manuale im Gegensatz zu Zarncke, der 1480 annimmt, frühstens in das Jahr 1481,
da die im 16. Kap. erwähnten hastiludia in diesem Jahre stattgefunden hätten. Sebastian Münster erzählt nämlich in seiner
„Kosmographie" (in der Baseler Ausg. von 1598 S. Mxcij), dass
die Ritterschaft des Rheinstroms dem Pfalzgrafen Philipp zu Ehren
1481 in seiner Hauptstadt Heidelberg ein glänzendes Turnier —
das 30. in der Reihe der grossen Waffengänge — veranstaltet habe.
Vollständig beweiskräftig scheint mir indessen das Argument von
Fabricius nicht zu sein, da ich es nicht für ausgeschlossen erachte,
dass sich unsere Erwähnung der hastiludia nicht auf das grosse
Turnier bezieht, sondern auf irgendwelche kleine ritterliche
Uebungen, wie sie in Heidelberg nicht ungewöhnlich gewesen und
speziell auch von Studenten, besonders um Fastnacht, veranstaltet
zu sein scheinen, allerdings gegen den Willen der Universität, die
in ihrer Statutenredaktion von 1454 (Urkundenbuch I. S. 117
[No. 112]) bestimmt: „Item quod supposita nostre universitatis
choreas publicas vel hastiludia circa carnisprivium vel alio
tempore non faciant, sub formidalibus penis talibus per rectorem
pro tempore infligendis." — Andererseits könnte für Fabricius die
Stelle zu Anfang von Kap. 16 sprechen, wo es heisst, dass die
Fürsten kämen, wenn nämlich mit diesen die stattliche Zahl der
zum grossen Turnier erschienenen fürstlichen Teilnehmer gemeint
wäre, deren Namen uns Sebastian Münster u. a. O. aufgezeichnet
hat. Falls die Entstehung bezw. der Abschluss des Manuale
wirklich in das Jahr 1481 fiele, könnte wohl die von Panzer verzeichnete Strassburger Ausgabe aus diesem Jahre das Original gewesen sein. — Schon die Erwähnung Philipps deutet darauf hin,
dass die Universität, auf welche sich die meisten der Gespräche
beziehen, Heidelberg ist. Aber noch mehr! Im 7. Kapitel ist
Barthold auf dem Wege „Heidelbergam versus" und freut sich
Camillus zu treffen, da dieser mit den dortigen Schulverhältnissen
bekannt sei. Er fragt ausdrücklich: „Declara, quaeso, quaenam
consuetudo studii vestri est!" — Bei dem Spaziergange im
6. Kapitel zeigt Camillus „über den Neckar." — Im 3. Kapitel

hat Barthold aus der Vorlesungsliste ersehen, dass Magister Jodocus „prope valvam ecclesiae S. Spiritus" liest. Die Hauptkirche Heidelbergs ist aber die Heilige-Geist-Kirche. Ausserdem passt auch das mehrfach berührte Verhältnis zwischen den Nominalisten und Realisten auf Heidelberg. — Wenn es also zweifellos Heidelberger Verhältnisse sind, von denen die Rede ist, so brauchen die Gespräche deshalb doch nicht immer in Heidelberg selbst stattzufinden. Die Schüler können sich auch an anderen Orten über frühere Heidelberger Erlebnisse unterhalten. Das scheint mir z. B. der Fall zu sein in einem Teil von Kapitel 16, wo Camillus Barthold einladet, mit zur Predigt des Mönches aus Italien zu gehen, und Barthold fragt: „Ist es vielleicht der Dicke, der in Heidelberg bei den Minores war?" Hier scheint es doch, dass die Sprechenden sich während der Unterhaltung nicht in Heidelberg befinden. Gelegentlich werden auch die Universitäten Wien, Erfurt und Leipzig erwähnt. Die beiden letzteren hat Barthold auch besucht (vgl. Kap. 7 u. 17). — Bis auf das erste sind sämtliche Gespräche Camillus und Barthold in den Mund gelegt, obgleich ihre Gesinnungen und Aeusserungen in den verschiedenen Situationen häufig mit einander, wenn nicht im direkten Widerspruche, so doch nicht im Einklange stehen. Die Themata ihrer Unterhaltung sind stellenweise etwas bedenklicher Natur, vgl. Kap. 14 u. 15. Mit dem Lateinischen liegen sie noch sehr im Argen. Abgesehen von den gröbsten grammatischen Schnitzern, wie ut oder ne mit dem Indikativ u. s. w. wimmelt es von Germanismen aller Art. Gleichwohl scheint der Verfasser des Manuale schon humanistische Bildung in sich aufgenommen zu haben, wie die Verteidigung der Dichter im 5. Kapitel beweist.

2) Paulus Niavis.

A. Dialogus parvulis scholaribus ad latinum idioma perutilissimus. — B. Latina idiomata: a) Latinum idioma, quod pro novellis edidit studentibus, b) Thesaurus eloquentiae, c) Latinum idioma pro scholaribus adhuc particularia frequentantibus. — C. Dialogus, in quo litterarum studiosus cum beano quarumvis praeceptionum imperito loquitur.

Paulus Niavis, mit eigentlichem Namen Paul Schneevogel,[1]) gebürtig aus Eger, liess sich am 19. April 1475 in Ingolstadt immatrikulieren und erlangte dort das Baccalaureat, erscheint dann 1479 in der Leipziger Matrikel und 1482 unter den Leipziger Magistern. Nach einem mehrjährigen Wanderleben, das er eine Zeit lang in Halle als Rektor einer Schule unterbrach, übernahm er 1485 oder 1486 die Leitung der 1399 zuerst urkundlich erwähnten,[2]) anfangs zur Jakobikirche gehörenden, später dem Rate übergebenen Schule zu Chemnitz und behielt dieselbe bis 1487, wo eine Neuwahl ihm nicht günstig war. 1488 begegnet er uns wieder in Leipzig in akademischen Kreisen, ohne jedoch mit einer Professur betraut zu sein. Von 1490 an versah er sieben Jahre lang das Amt eines Stadtschreibers zu Zittau und wurde endlich Oberstadtschreiber zu Bautzen, wo er 1514 zuletzt in den Stadtverzeichnissen erwähnt wird.

Niavis kann recht eigentlich der Vater der Gesprächbücher unter den Humanisten genannt werden, da er nicht weniger als vier für Schüler bestimmte Dialogsammlungen selbst verfasst und eine

---

[1]) Ueber seine Person vgl. den sich eng an den Auszug eines Vortrags von Dr. Loose in den „Mitteilungen des Vereins für Chemnitzer Geschichte, I. Jahrbuch für 1873—75, Chemnitz 1876, S. 9—11" haltenden, „—d" unterzeichneten Artikel in der Allgemeinen deutschen Biographie, Bd. 23, Leipzig 1886, S. 567/8, woselbst die ältere Litteratur angegeben. — Ein Verzeichnis der zahlreichen Schriften des Niavis, das jedoch noch mehrfach zu ergänzen ist, giebt Hain No. 11698—11745.

[2]) Vgl. Joh. Müller, Schulordnungen, S. 32. Hier auch die Litteratur über die Chemnitzer Schule.

fremde neu bearbeitet und herausgegeben hat. Ueber die Zeit der
Entstehung und Veröffentlichung der einzelnen fehlen uns direkte
Angaben, da die Vorreden sämtlich des Datums entbehren und auch
gerade die ältesten Drucke immer ohne Vermerk von Ort und Zeit
erschienen sind. Doch können wir zwei der Sammlungen mit
Bestimmtheit der Chemnitzer Zeit des Niavis zuweisen, zunächst den

> Dialogus parvulis scholaribus ad latinum idioma
> perutilissimus

oder, wie in anderen Ausgaben der Titel lautet, das Latinum idioma pro parvulis editum, für dessen Brauchbarkeit mehr als dreissig Drucke[1]) zeugen. Dass unsere älteste

---

[1]) Ausgaben:
   a) datierte:
   1) Dialogus magistri Pauli Niavis " parvulis scholaribus ad latinum
idoma perutilissimus. ¦¦ Bl. 1ᵇ Holzschnitt: 3 Schüler zu Füssen eines
Lehrers, der in der linken Hand eine Rute hält. ¶ Bl. 2ᵃ: Prefatio ¦¦ PAulus
Niavis artium magister. Magnifi ‖ cis viris: sapientique senatui Kemniczensi:
Dominis suis plurimum colendis: Salutem plu¦¦rimam dicit. Bl. 13ᵇ Z. 20:
Latinum idioma magistri Pauli Niavis. brevi ‖ hoc dialogo: compendiose
editum. Primis schola"rum alumnis perutilissimum Impressum Basilee ¦
Anno christi Millesimoquadringentesimonoctu ¦ agesimonono. xv. vero kalen.
mensis Junij. 13 Bll. 4°, Sign. a3, 35—36 Linien, goth. Typen (Hain
No. 11707. — Br. Mus. London, H. u. St. B. München, U. B. Strassburg).
   2) Reutlingen, Johannes Otmar, 1492 (Hain No. 11708. — H. u. St.
B. München).
   3) Ulm, Johannes Schaefler, 1493 (Hain No. 11709).
   4) Unter dem Titel: Latinum ydeoma pro parvulis editum, Nürnberg,
Peter Wagner, 1493 (Hain No. 11710).
   5) Desgleichen, Augsburg, Johannes Froschauer, 1494 (Hain No. 11711).
   6) Desgleichen, Nürnberg, Friedrich Creussner, 1494 (Hain No. 11712.
— H. u. St. B. München).
   7) Dialogus ... (Speier) Konrad Hist, 1497 (Hain No. 11713. — B. M.
London, H. u. St. B. München).
   8) Latinum idioma ... Nürnberg, F. Creussner, 1497 (Hain No. 11714.
— B. M. London, H. u. St. B. München).
   9) Desgleichen. Leipzig, Jakob Thanner 1498 (U. B. Leipzig).
   10) Desgleichen, Augsburg, J. Froschauer, 1499 (Hain No. 11715. —
B. M. London, H. u. St. B. München).
   11) Desgleichen, Augsburg, J. Froschauer, 1501 (Panzer, Annal.
typogr. VI., 131, No. 6).
   12) Desgleichen, Nürnberg, Hieron. Hoelzel 1501 (Panzer VI., 439
No. 4).
   13) Desgleichen, Olmütz 1501 (U. B. Breslau).
   14)   „   Leipzig 1503 (U. B. Breslau).
   15)   „   Strassburg 1504 (U. B. Breslau).
   16)   „   Nürnberg 1505 (U. B. Breslau, B. M. London).

datierte Ausgabe von 1489 nicht mehr die erste gewesen, geht ausser dem Umstande, dass wir von einem Gebrauche des Buches in der Schule des Niavis zu Chemnitz, also in den Jahren 1486 und 1487, hören werden, auch daraus hervor, dass der Verfasser in der Widmung die Ratsherrn von Chemnitz, aus deren Dienst er infolge der ihm feindlichen Wahl schon 1488 geschieden war, noch als seine „hochzuverehrenden Herrn" bezeichnet.

In der Widmung rechtfertigt Niavis sein Wagnis, angesehenen Männern eine für Knaben bestimmte Schrift zu überreichen, mit der Wichtigkeit einer guten Bildung der Schüler für den ganzen Staat, und er weist dann hin auf den Nutzen von Gesprächen anstatt trockener grammatischer Regeln. In dem Büchlein sind vereinigt: a) Gespräche des paedagogus mit dem seiner Hut anvertrauten Schüler, b) des Rektors und seiner Gehilfen (collaterales) mit einem Schüler, c) der Schüler untereinander.

1) Der Pädagoge Surgellus treibt mit vieler Mühe den Knaben Hortena aus dem Bett. Auch nach dem Aufstehen macht dieser noch grosse Umstände. Erst kann er sein Hemd nicht finden, bis ihm einfällt, dass die gute Mutter es ihm abends in der Stube ausgezogen. Dann sieht er die Stiefeln nicht, obwohl sie dicht vor ihm stehen. Beim Kämmen murrt er über den zu harten Kamm. Nachher sind ihm die Bücher zu schwer, die er in den „saccus" zu packen hat. Als der Pädagoge vom Kirchenbesuch spricht, denkt er mit Schrecken an die Kälte. Er braucht aber nur fünf „Vater-Unser" und ebenso viele „Gegrüsst-seist-Du-Maria!" zu beten. Bei der Ankunft in der Schule ermahnt ihn Surgellus noch, sich ruhig hinzusetzen, sein Buch zu öffnen, gut aufzupassen, und wenn er etwas

b) undatierte:

Hain No. 11698—11706 beschreibt 9 Ausgaben ohne Ort und Jahr von denen die 2., 4., 5., 6., 7. und 9. in München, die 7. auch in Strassburg, vorhanden. Die folgenden 6 Ausgaben fehlen bei Hain:

1) Latinum ideoma magistri Pauli ∫ Niavis pro parvulis editum. ‖ Bl. 1ᵇ: Paulus Niavis artium magister magnificis vi ∥ris sapientiquo senatui Kempnicensi dominis suis ∥ plurimum colendis. ∫ Expl. Bl. 18ᵇ. Z. 27: Ro. et me quoque vale Hor. et tu quoque. | O. O., J. u. Sign. 18 Bll. 4⁰, goth. Typen (U. B. Breslau).

2) Latinum ydeoma ∥ Magistri Pauli Niavis pro parvulis editum. ‖ Bl. 1ᵇ: Paulus Niavis artium Magister etc. Bl. 14ᵇ, Z. 13: Finis. O. O. u. J. 14 Bll. 4⁰, Sign. Aij-Biij, goth. Typen (U. B. Breslau).

3) Latinum ydeoma ma ∥ gistri Pauli Niavis ∫ pro parvulis editum. ‖ Bl. 1ᵇ: Paulus Niavis artium Magister etc. Bl. 14ᵇ, Z. 13: G. R. ←Georg Richolf in Lübeck). o. J. 14 Bll. 4⁰. Sign. Aij-Biij, goth. Typen (U. B. Breslau).

4) Dialogus magistri Pauli ∫ niavis parvulis scholaribus ∥ ad latinum ydioma perutilissimus . Bild eines Lehrers mit 3 Schülern. Bl. 1ᵇ: Prefatio ∫ PAulus Niavis artium magister etc. Bl. 12ᵃ, Z. 19: Latinum idioma

nicht verstände, zu ihm zu kommen und es sich erklären zu lassen. — Ein anderes Mal will Hortena, als Surgellus ihn erinnert, dass es Zeit sei, zur Schule zu gehen, erst noch einen Bissen zu sich nehmen. Die Mutter ist jedoch ausgegangen: sie hat Surgellus eine Portion Brot und Käse für den Sohn übergeben, aber von dieser einfachen Speise will Hortena nichts wissen. Die Mutter hat ihm Fleisch versprochen, und er will warten, bis sie wieder kommt. Nicht ohne bittere Thränen vergossen zu haben, lässt er sich vom Pädagogen noch eben zur richtigen Zeit zur Schule bringen.

2) Hortena kommt zu spät in die Schule, ist aber, wie gewöhnlich, gleich mit Entschuldigungen bei der Hand. Die Mutter hat vergessen, ihn zu wecken. Er kann seine Lektion auch nicht. Das kommt daher, dass er den ganzen vorigen Abend für die Gäste seines Vaters, der eine Wirtschaft besitzt, Bier hat herbeiholen müssen. Er hat ferner am Abend ohne Erlaubnis die Vesper geschwänzt. Wegen dieses Versäumnisses hat der Vater ihn auch entschuldigen wollen. Dann hat er noch nicht seinen Beitrag für Holz und Licht bezahlt. Augenblicklich sind die Eltern nicht in der Lage, das Geld herzugeben, wenn die Wirtschaft aber flott geht, will der Vater alles nachholen, eventuell will'er auf der Leipziger Messe ein Geschäft zu machen suchen. Endlich hat Hortena am vorigen Tage bei Arnolds Garten den Lehrer und einen Presbyter nicht gegrüsst. Er kann hoch und heilig versichern, dass er beide nicht gesehen. —

Hortena wird vor den Baccalaureus citiert. Johannes, der Sohn des Richters, hat sich beklagt, dass Hortena immer mit ihm zanke und ihn einmal sogar blutig geschlagen habe. Hortena behauptet, zuerst von Johannes angegriffen zu sein, er kann keine Wunde mehr zeigen, weil dieselben bereits geheilt. Ausserdem hat Hortena am vorigen Tage einen Laien beim Fortgehen mit Schmäh- und Schimpfreden belästigt. Der Baccalaureus, der oben im Fenster gestanden, hat es selbst gehört. Hortenas Worte haben aber gar nicht dem Laien gegolten, sondern einem Bäckerjungen hinter der Kirche, der ihn ausgelacht hat. Der Baccalaureus hat diesen wegen der Mauer nicht sehen können. —

---

magistri Pauli Niavis ' brevi hoc dialogo. compendiose editum Pri mis scholarum alumnis perutilissimum . Impressum per C. hist. de S. (=Konrad Hist in Speier) o. J., 12 Bll. 4°. Sign. aij-biiij. goth. Typen (H. B. Wien).

5) Dialogus magistri Pauli || Niavis parvulis scholari ∤ bus ad latinum ydioma perutilissimus. ∥ Bl. 2ª: Prefatio ∤ PAulus Nianis (sic!) artium magister etc. Bl. 18ᵇ, Z. 21: Latinum idioma magistri Pauli Niavis etc. O. O. u. J., 14 Bll. 4°. Sign. aij-biiij. goth. Typen (H. B. Wien).

6) Latinum ydeoma Magistri paull Ni avis pro parvulis editum Ac sum ma diligencia emendatum. ∥ Bl. 1ᵇ: Paulus Nianis (sic!) artium Magister etc. Expl. Bl. 14ᵇ, Z. 33: miterium camus Ro. vale et ego sequar. O. O. (Martinus von Landsberg in Leipzig) u. J., 14 Bll. 4°. Sign. Aij-Biij, goth. Typen (H. B. Wien).

Die In den alten Drucken üblichen Abkürzungen sind wegen Mangels an geeigneten Typen aufgelöst worden.

Ein Knabe, namens Ronestus, entschuldigt beim Kantor sein Versäumen der Matutinen mit Kopfschmerzen. Als dieselben nachgelassen, ist er zur Messe gegangen, hat sich aber gleich aus der Kirche entfernen müssen, da es wieder angefangen, ihm vor den Augen zu flimmern.

3) Ronestus bittet den Lehrer unter allerlei Vorwänden, aus der Schule bleiben zu dürfen. — Auch beim Baccalaureus hat er viele Anliegen. Zunächst wünscht er Erlaubnis, um für seinen hungrigen Magen einen Semmel zu holen. Dann fragt er, ob ein Buch, das er verloren, beim Baccalaureus abgegeben. Darauf lädt er den Baccalaureus im Namen der Eltern zum Frühstück und zur Mahlzeit ein. Nachher bringt er ihm einen Krug Bier von denselben zum Geschenk. Sodann beklagt er sich, dass Johannes ihm sein Schreibzeug weggenommen, weil er einen von ihm geliehenen Denar nicht zur richtigen Zeit hat zurückbezahlen können. Endlich bittet er, mit den Eltern einen Spaziergang machen zu dürfen. — Hortena erscheint beim Kantor. Er möchte vor Schluss der Messe nach Hause, da er dort den Tisch bereiten soll. Sein Pädagoge, der mit Gartenarbeit beschäftigt sei, wünsche von der Vesper dispensiert zu werden. — Hortena hat auch ein Buch verloren, mit welchem er auf dem Chore in üblicher Weise seinen Platz hat belegen wollen. Der Kantor verspricht, nach demselben zu forschen. — Hortena bittet den Kantor zu einer collatio, die der Vater einigen Priestern geben will, sowie zu einem Freibad. Die Eltern laden ferner zwölf fleissige Schüler zum Frühstück ein; ein paar erbitten sie für eine Feldarbeit, die ihnen reichlich belohnt werden soll.

4) Hortena, der sein Frühstück vergessen, bettelt Ronestus an, welcher ihm reichlich mitteilt, worauf Hortena ewige Dankbarkeit verspricht. — Gleich darauf sind die beiden in heftigem Kampfe um den Platz in der Schule. Ronestus soll Hortenas Buch zum Belegen des Sitzes fortgeschoben haben. — Hortena weigert sich, Ronestus die Lektion vorzulesen. — Er macht Ronestus aufmerksam, wie grimmig sie der Baccalaureus anblicke, das bedeute nichts Gutes. — Ronestus ist vom Kantor, weil er auf dem Chore Unfug getrieben, derartig hergenommen, dass er kaum sitzen kann. Den Eltern von solchen Misshandlungen Anzeige zu machen, hat der Rektor strengstens verboten. — Hortena möchte fort aus der Schule, da der Kantor wieder über den Donat examinieren will. Ronestus hat auch die meisten der vielen Schläge, die er schon ausgehalten, „pro casibus et temporum formationibus" bekommen.[1] Und was

---

[1] In einem Holzschnitte aus der „Margarita philosophica" des Gregor Reisch (1503 u. öfter) ist das Lehrgebäude der Wissenschaften allegorisch durch einen sechsstöckigen Turm dargestellt. In dem untersten Stockwerke übt ein Lehrer, wie die Aufschrift eines fliegenden Bandes anzeigt, mit seinen Schülern den Donat ein. Er hält drohend die Rute in der Hand, womit, wie Paulsen a. a. O. S. 15 bemerkt, angedeutet wird, „dass die Wurzel der Wissenschaften, die Grammatik, bitter ist." Der Holzschnitt ist wiedergegeben bei L. Geiger, Renaissance und Humanismus i.I

nütze es denn eigentlich, wenn der Lehrer frage: lege, legere, legerere
cuius temporis u. s. w.? — Ronestus vergiesst Thränen, dass der Baccalaureus ihm seine schönen Kugeln, die er gegen das Verbot mitgebracht,
fortgenommen habe. — Er leiht von Hortena 1 Denar, für welchen er
Kirschen kauft. Hortena bittet bei ihrer alten Freundschaft, ihm von denselben mitzuteilen. Ronestus erinnert ihn jedoch daran, dass er ihn noch
am letzten Sonntag beim Kantor angezeigt habe. Er wirft ihm auch vor,
Semmel und Käschen gestohlen zu haben.

5) Hortena hat ein Gespräch des Rektors mit dem Baccalaureus belauscht und verkündet Ronestus, dass sie am Nachmittage frei haben
würden. Der Rektor giebt auch wirklich Erlaubnis, und die beiden
Schüler beschliessen sogleich ein Spiel.¹) Nach dem Kirchhofe, wo die
vielen Knaben sind, mögen sie nicht gehen, weil, wie ein altes Sprichwort
besage, unter der Menge selten Eintracht bestehen bleibe. Sie holen nur
ihren Freund Tinibal und beginnen im Hofe ein Kugelspiel. Es wird eine
Grube gemacht, in welche die Kugeln zu treiben sind. Jeder setzt ein
Paar. Man bemüht sich, die Kugeln des andern zu treffen und von der Grube
abzulenken.²) — Als die Knaben dieser Spielart überdrüssig sind, beginnen
sie eine andere, bei welcher die Kugeln auch in eine Grube geworfen
werden. „Cum par intus fuerit atque etiam foris, lucratus es; dum minus
usu venerit et impar in fovea est, ceteri lucrabuntur." — Ihre Lust zum
Markte zu gehen bezwingen sie mit dem Gedanken an das Verbot des
Lehrers. Sie bemerken streitende Bäckerjungen, denen Ronestus aus dem

---

Italien und Deutschland. (Allgemeine Geschichte in Einzeldarstellungen
II⁸.) Berlin 1882, S. 499. — Bilder eines Lehrers mit der Rute sind
bekanntlich häufig in den Drucken der damaligen Zeit Vergl. die Reproduktionen in den Mitteilungen der Gesellschaft für deutsche Erziehungs-
und Schulgeschichte Bd. V, S. 75 ff u. Bd. VII, S. 7, 8, 9. Es sei hier
gleichzeitig mitgeteilt, dass der Vorstand der Gesellschaft für deutsche
Erziehungs- und Schulgeschichte eine Sammlung derartiger Bilder angelegt hat und in den Mitteilungen Bd. V S. 76 die Bitte ausspricht.
Nachrichten über solche, irgendwo aufgefundene, auf Erziehung und Unterricht bezügliche Bilder an Herrn Prof. Dr. Karl Kehrbach in Berlin gelangen zu lassen.

¹) Die Spiele, welche wiederholt der Gegenstand der Gespräche sind,
dienten der körperlichen Ausbildung der Knaben, auf welche von den
Humanisten wieder besonderer Wert gelegt wurde. Vgl. W. Krampe, Die
italienischen Humanisten und ihre Wirksamkeit für die Wiederbelebung
gymnastischer Pädagogik. Breslau 1895. — Die Spielarten sind häufig aus
dem Altertum herübergenommen, aber ebenso oft selbständig variiert.
Ueber die zur Vergleichung heranzuziehenden Spiele der Griechen und
Römer hat sehr ausführlich gehandelt L. Grasberger, Erziehung und
Unterricht im klassischen Altertum. 1. Tl. Die leibliche Erziehung bei
den Griechen und Römern. 1. Abt. Die Knabenspiele. Würzburg 1864.
Andere Litteratur über Spiele wird bei Gelegenheit angeführt werden.

²) Diese Spielart werden wir ausführlicher beschrieben finden bei
A. Hündern im letzten Dialoge.

Wege zu gehen rät, da dieselben sonst bei ihrer bekannten Feindschaft gegen die Schüler gleich mit ihnen anbinden würden und in der Ueberzahl wären. — Aus dem Thore einen Spaziergang zu machen hat der Lehrer gleichfalls verboten. Uebrigens stellt sich auch bei allen der Hunger ein, und sie beschliessen, nach Hause zurückzukehren, um sich nach der Vesper auf dem Kirchplatze zu treffen. — Ein anderes Mal erscheint noch Lariscus mit ihnen zusammen beim Ballspiel. Jeder hat eine Grube. In wessen Grube der geworfene Ball fällt, der greift ihn und sucht die andern, welche fortlaufen, zu treffen.²) Wer getroffen ist, „habet puerum." Tinibal, der 9 „pueri" hat, muss sich hinstellen und den andern als Scheibe dienen. Er akkordiert erst über die Entfernung, wird aber auch, nachdem das Ziel weiter genommen, noch gehörig getroffen.

6) Der Rektor sitzt zu Gericht über die Unarten der Schüler. Hortena klagt Surgellus an, ihn auf der Strasse und auf dem Chore „extraneo quodam nomine" beschimpft zu haben. Surgellus versucht zu leugnen, wird aber durch das Zeugnis des Tinibal und Lariscus überführt. — Lariscus führt Beschwerde über Tinibal. Dieser hat neulich auf dem Markte vor vielen Laien ausposaunt, dass Lariscus bestraft worden sei. Lariscus kann Zeugen beibringen, die siebenmal solche Reden von Tinibal gehört haben. Tinibal behauptet, dass das gelogen sei; als aber der Lehrer bemerkt, dass ihm schon von mehreren Seiten Anzeige davon gemacht sei, lenkt er ein und leugnet nur die Zahl 7. Weitere Reden helfen ihm nichts. Der Rektor übergiebt ihn dem Kustos mit den Worten: „Custos, flecte ipsum!" — Hierauf hat sich auch Lariscus zu verantworten. Er hat Surgellus am vorigen Abend mit einem Steine derartig verwundet, dass die Wunde jetzt noch blutet. Bei Lariscus fliessen gleich die Thränen, er hätte durch Zufall Surgellus getroffen. Der Rektor hat jedoch ein für allemal verboten, Steine anzurühren und schliesst deshalb sein Urteil wieder mit den Worten: „Custos, ut assis viminibus!" — Surgellus hat Hortena um seinen Platz in der Nähe des Katheders, wo er den leise sprechenden Baccalaureus besser hören konnte, gebracht, indem er sein Buch fortgeschoben. Er soll Hortena den Platz wieder einräumen. — Lariscus hat Ronestus das Tintenfass umgegossen und muss ihm dafür neue Tinte kaufen. —

Auch der Baccalaureus hält ein Strafgericht. Tinibal hat Hortenas Butterbrot gestohlen. Lariscus hat es gesehen. Tinibal leugnet und ficht das Zeugnis des Lariscus an, weil dieser mit Hortena befreundet sei. Surgellus, den Hortena nunmehr anruft, will nichts bemerkt haben, gesteht aber, als der Baccalaureus behauptet, alles bestimmt zu wissen, dass er Tinibal hat essen sehen, worauf diesen seine Strafe erwartet. — Tinibal rächt sich bald an Hortena. Hortena hat ihn nicht nur vor Schülern, sondern auch vor Laien einen Dieb gescholten, obwohl er das Butterbrot bezahlt hat. Dafür muss Hortena die Rute fühlen. Sein furchtbares

---

²) Vgl. unten Schottennius. Dialog 46.

Schreien reizt den Baccalaureus so sehr, dass er nahe daran ist, die
Strafe zu verdoppeln. — Lariscus hat sein Messer verloren. Surgellus
habe es und wolle es nicht zurückgeben. Surgellus hat es jedoch für
3 Denare von Tinibal gekauft. Dieser hat es von ihrem Diener zu Hause
geschenkt bekommen. Lariscus erhält sein Eigentum zurück. —
Endlich tritt noch der Kantor als Richter auf. Lariscus malt Tinibal
während der Messe und der Vesper immer Kreuze auf den Rücken. Lariscus
leugnet, der Kantor hat aber selbst schon wiederholt die Kleidung des Tinibal
beschmutzt gesehen und übergiebt deshalb den Sünder dem Kustos, der
ihn „ad medium usque dorsi" entkleiden soll. — Surgellus hat Lariscus
gestern in der Dämmerung gemeldet, er solle schnell zum Kantor kommen,
und da ist dieser gar nicht zu Hause gewesen. Surgellus hat alles gelogen. Er entschuldigt sich vergebens damit, dass er im Spass gesprochen
und nicht gedacht habe, dass Lariscus seinen Worten Glauben schenken
würde.

7) Ronestus zeigt Tinibal voll Stolz seine neue tunica in dem
Glauben, dass er sie bewundern würde. Tinibal ist jedoch vom Vater,
wenn er fleissig studiert, noch eine weit schönere, rote, versprochen
worden. Ronestus fragt, woher der Vater das Geld dazu nehmen würde,
worauf Tinibal bemerkt, ob er nicht gesehen, ein wie schönes grünes Kleid
die Schwester bekommen. Ronestus erwartet am Sonntag auch neue
Stiefeln, die hätte Tinibal aber nicht. Dann will dieser jedoch gleich
den Vater bitten, dass er ihm auch solche kaufe. — Lariscus, Hortena
und Tinibal freuen sich auf einen Gang ins grüne Feld. — Lariscus vergiesst in Verzweiflung bittere Thränen. Er ist am vorigen Mittag gegen
das Verbot des Rektors in fliessendes Wasser zum Bade gegangen, da er
sich unbemerkt geglaubt hat. Als er aber nach Hause gekommen, hat der
Vater von seinem Ungehorsam schon gewusst und gedroht, dem Rektor
Anzeige zu machen Tinibal weiss keinen anderen Rat für ihn, als sich
hinter die Mutter zu stecken und diese zum Rektor zu schicken, auf dass
sie ein gutes Wort für ihr Söhnchen einlege. Aber alle Fürsprache
scheint dem Knaben nichts geholfen zu haben, denn Ronestus teilt bald
darauf Hortena, welcher in der Schule gefehlt hat, mit, dass Lariscus vor
ihrer aller Augen bis zum Blutvergiessen geprügelt sei, weil er in
fliessendem Wasser gebadet. Hortena glaubt, dass ihm recht geschehen,
weil er ein ernstes Verbot überschritten habe.

Angefeuert durch den Erfolg des „Latinum idioma pro parvulis" arbeitete Niavis auf dem Gebiete der Gesprächbücher eifrig
weiter und verfasste zunächst ein engverwandtes „Latinum idioma
pro scholaribus adhuc particularia frequentantibus", dessen er sich
nach seinen eigenen Worten auch noch in Chemnitz als Hülfsbuch
bediente, das jedoch nach jenem ersten Idioma liegt, weil dieses

hier an zwei Stellen (im 3. Kap.) schon als Uebungsbuch in den Händen der Schüler erwähnt wird. Dem neuen Werke folgte ein „Thesaurus eloquentiae" mit Gesprächen allgemeineren Inhalts. Diese beiden Schriften vereinigte Niavis auf Betreiben seines Chemnitzer Freundes und Gönners, des Presbyters Erasmus, ohne Zweifel schon vor 1494, aus welchem Jahre die einzige uns bekannte datierte Ausgabe[1]) stammt, zu einem Sammelwerke unter dem Titel

Latina idiomata,

an dessen Anfang er noch eine dritte Schrift setzte „pro his, qui primum universale ingrediuntur studium." Ueber den wirklichen Anteil des Niavis an diesem letzten Werke mag ich bis jetzt kein bestimmtes Urteil abgeben. Wir haben in demselben nichts anderes als das Manuale scholarium mit einigen kleinen Variationen, nämlich mit Uebertragung der im Manuale geschilderten Heidelberger auf Leipziger Verhältnisse. R. Wolkan, welcher in seiner „Geschichte der deutschen Litteratur in Böhmen"[2]) unserem Niavis als einem Sohne dieses Landes Berücksichtigung hat zuteil werden lassen, sieht in der Arbeit des Niavis die Urgestalt des Manuale und in Niavis den bislang vergeblich gesuchten Verfasser desselben. Er nimmt also, jedoch ohne irgend einen thatsächlichen Grund anzuführen, im Manuale eine spätere Uebertragung von Leipzig auf Heidelberg an. Meines Erachtens kann aber mit dem gleichen

---

[1]) Latina ydeomata Ma gistri Pauli Niavis. || Bl. 1ᵇ: Paulus Niavis honorando viro Erasmo pres[b]itero optimarum artium baccalario in kempnitz beneficiato domino et fautori suo imprimis amando, Salutem plurimam dicit. || Bl. 2ᵃ: Prefatio Magistri Pauli Niavis in latinum ydeoma || quod pro novellis edidit studentibus Incipit foeliciter. Bl. 22ᵃ Z. 28: Sequitur thesaurus eloquentie." Bl. 51ᵃ Z. 17: Sequitur latinum ydeoma pro schola || ribus adhuc particularia frequantantibus. [sic!] || Bl. 84ᵃ Z. 22: Impressum Liptzk per Cunradum || Cachelofen Anno domini. xciiij. 84 Bll. 4°, Sign. Aij-Oiij, 84 Linien, gothische Typen (Hain No. 11718 — H. u. St. B. München, U. B. Breslau, K. B. Dresden, U. B. Göttingen, B. M. London, H. B. Wien).

Hain verzeichnet ausserdem unter No. 11716 und 11717 zwei 18 Blätter, d. h. nur den ersten Teil des beschriebenen Werkes, umfassende Kachelofensche Drucke ohne Jahr. Den zweiten hat die U. B. Leipzig. Einen dritten vollständigen, welcher bei Panzer und Hain fehlt, besitzt die K. B. Berlin u. U. B. Breslau:

Latina ydeomata Ma gistri Pauli Niavis. || Bl. 1ᵇ: Paulus Niavis honorando etc. Bl. 82ᵇ Z. 20: Impressum per me Conradum || Kachelovenn liptzk. 82 Bll. 4°. Sign. aij-liij. gothische Typen.

[2]) Rudolf Wolkan, Geschichte der deutschen Litteratur in Böhmen bis zum Ausgange des 16. Jahrhunderts. Prag 1894, S. 159–164.

Rechte das Gegenteil behauptet werden, dass Niavis das Manuale überarbeitet hat. Zunächst sagt dieser mit keinem Worte, dass das Werk von ihm verfasst sei, er spricht in der Gesamtwidmung der Idiomata an Erasmus nur vom Sammeln einschlägiger Schriften[1]) und schreibt über den in Rede stehenden Teil: „Praefatio Magistri Pauli Niavis in latynum ydeoma, quod pro novellis edidit studentibus, incipit." Der Ausdruck „edidit" kann aber ebenso gut von einem blossen Herausgeben, wie vom Verfassen verstanden werden. — Was ferner die Entstehungszeit des fraglichen Werkes angeht, so zitiert Panzer, wie wir oben hörten, vom Manuale eine Strassburger Ausgabe von 1481, aus einer Zeit also, da Niavis, eben 20 Jahre alt, noch zu Leipzig studierte und seine schriftstellerische Thätigkeit, soviel wir wissen, noch nicht begonnen hatte. Ist es nicht viel wahrscheinlicher, dass er nach seinem Abschiede von Chemnitz während oder in Erinnerung an seinen zweiten Leipziger Aufenthalt, Ende der achtziger Jahre, das Manuale für seine Zwecke überarbeitet hat? Wenn mich etwas für Wolkans Ansicht einnimmt, ist es folgendes Argument, das er selbst aber nicht geltend gemacht hat. Das 17. Kapitel des Manuale ist Zarncke in 2 Teile zu zerlegen genötigt, da Barthold zuerst von Heidelberg, nachher aber von Leipzig erzählt. Dass zu Anfang nicht von Leipzig die Rede sein kann, geht nämlich daraus hervor, dass Barthold von einer „natio Suevorum" spricht, die es in Leipzig nicht gab. Die Bemerkungen über das Verhältnis der Realisten und Nominalisten, welche Zarncke und nach ihm Prantl in seiner Geschichte der Logik[2]) in Verkennung der Urgestalt des Manuale nach dem Urteile Wolkans zu einer „vollkommen unbrauchbaren Grundlage" für seine Darstellung jenes Verhältnisses gemacht hat, wollen wir ganz ausser Acht lassen. Bei Niavis lesen wir statt „de natione Suevorum": „de natione Saxonum". In dem ganzen sonst völlig einheitlichen Kapitel ist bei ihm also auch einheitlich von Leipzig die Rede, während die Zerlegung im Manuale doch sehr gewaltsam ist. Es liegt deshalb nahe, in der Fassung des Manuale irgend einen Irrtum oder eine Flüchtigkeit zu vermuten. Das Versehen ist aber erklärt, wenn wir annehmen, dass das Manuale nach der Vorlage des Niavis bearbeitet ist und der Bearbeiter, getreu seinem Prinzipe, die

---

[1]) „Egisti mecum quam saepissime, ut ipsam illam, quam pro incipientibus materiam in latinitatis ratione collegerim, in unum traducerem u. s. w."

[2]) Vgl. K. Prantl, Geschichte der Logik im Abendlande. 4. Bd. Leipzig 1874. S. 187 ff.

örtlichen Verhältnisse auf Heidelberg zu übertragen, zu Anfang richtig „Suevorum" geschrieben, die spätere Bemerkung über Leipzig und sein „rastrum" aber sorglos hat stehen lassen, weil die Aenderung eingreifender hätte sein müssen. — Aber immerhin ist dieses Argument nicht so schwerwiegend, dass ich auf dasselbe hin, zumal andere Gründe dagegensprechen, das Manuale unter die Werke des Niavis einzureihen, mich hätte entschliessen können. — Ich kennzeichne im folgenden kurz die wichtigsten Abweichungen des Niavis vom Manuale: In der sonst wörtlich übernommenen Praefatio hat Niavis die Schlusssätze bedeutend erweitert. Der Knabe, welcher in Gespräch 1 vor dem Lehrer erscheint, ist bei Niavis nicht von Ulm, sondern von Halle, wobei der Herausgeber jedenfalls seiner eigenen Hallenser Zeit gedacht hat. In 3 ist der Name der Heiligen-Geist-Kirche fortgelassen, es heisst einfach, dass die Vorlesung „prope valvam in auditorio" stattfinden soll. Der Lehrer, welcher über die „libri physicorum" lesen will, heisst Konrad, der zweite wird N. genannt, der dritte Nicolaus. In 5 hat Magister Erhardus die Vorlesung über Terenz angekündigt. In 6 schreibt Niavis statt „trans Neckarum" ganz allgemein „trans flumen". Der von Erfurt kommende Fremde in 7 ist auf dem Wege nach Leipzig. Fürst Philipp ist in 11 durch Herzog Albrecht ersetzt. Die letzten Kapitel erscheinen in folgender Reihenfolge:

Niavis 12 = Manuale 18,
„ 13 = „ 17,
„ 14 = „ 12 (Magister Rechenmacher heisst bei Niavis N.),
„ 15 = „ 13,
„ 16 = „ 14 (bei Niavis handelt es sich um die Tochter
                             des Rupertus).
„ 17 = „ 15,
„ 18) neu hinzugefügt,
„ 19)
„ 20 = Manuale 16.

Die beiden neu zugefügten Kapitel 18 und 19 enthalten eine Sammlung von Sprichwörtern und Sentenzen, darunter beispielsweise folgende für den gestrengen Pädagogen charakteristischen Sätze über die Gefährlichkeit des weiblichen Geschlechtes für den studierenden Jüngling[1]):

---

[1]) Vgl. zu dieser Auffassung der Pädagogen des Humanismus meinen Aufsatz „Die deutschen Humanisten und das weibliche Geschlecht" in der Zeitschrift für Kulturgeschichte N. F. 4 (1896) S. 94ff.

Mollis est atque flexibilis natura, quem fletus mulierum commovet, nam earum conditio est, ut, si unus oculus collacrimat, alius ex adverso ridet.

Nihil plus studiosis nocet, quam conversatio mulierum, quod iuvenilia incendunt inflammantque pectora exhauriuntque studendi appetitum. Sapiens est discipulus, qui mulieris aspectum ut basilisci venenosum reputat.

Trahit ut magnes, tenet ut de ferro catena, inflammat ut ignis, offendit ut gladius, inficit ut coluber femineus amor. U s. w.

Nach der Manuale-Ausgabe folgt in der Sammlung der Idiomata der kulturgeschichtlich ebenso bemerkenswerte

Thesaurus eloquentiae.[1])

In der Widmung wendet sich Niavis wieder an den Presbyter Erasmus und rechtfertigt es, dass er gegen die Regeln der Alten, obwohl dieselben jetzt wegen der Humanitätsstudien wieder in besonderem Ansehen ständen, zuweilen die zweite Person des Plurals anstatt des Singulars gesetzt hätte. Er habe das da thun zu müssen geglaubt, wo niedrigstehende Personen angesehene Männer anredeten. — In einem besonderen Prologe verbreitet sich Niavis darauf über den Nutzen der Beredsamkeit, in erster Linie für die studierenden Jünglinge und für diese wieder besonders den Priestern gegenüber, welche oft darauf ausgingen, durch allerlei Fragen über die Bräuche der Universität, über das Studium u. s. w. die Studenten in die Enge zu treiben. In ihrem Interesse hat er beschlossen, einen Thesaurus zu verfassen, in welchem sie gleichsam einen Schild, eine Lanze und ein scharfes Schwert hätten, um die Angriffe der Feinde abzuwehren.[2])

---

[1]) Hain verzeichnet unter No. 11724 auch eine ohne Ort und Jahr erschienene, aber wahrscheinlich von Kachelofen in Leipzig gedruckte Separat-Ausgabe des Thesaurus. Ueber einen zweiten Druck vergleiche die „Nachlese von den Schriften des Paul Niavis" in der Sammlung vermischter Nachrichten zur Sächsischen Geschichte, 1. Bd. Chemnitz 1767, S. 36/7.

[2]) Niavis gab auch eine theoretische Anweisung über die Kunst der Rede mit angehängter Lehre über das Briefschreiben in seinen „Elegantiae Latinitatis". Hain, No. 11721—3, nennt 3 Ausgaben, sämtlich s. l. et a. Mir liegt eine vierte vor: „Elegantie latinitatis Magistri ‖ pauli Niavis una cum modo ‖ epistolari. [' Bl. 1ᵘ: Paulus Niavis artium magister Venerando vi ro Erasmo presbitero artium baccalario In kemnicz eta tem agenti domino suo et fautori amando f 38 Bll. 4⁰, letzte

1) Arnolph und Florian treffen zusammen auf dem Wege nach Nürnberg und erkundigen sich gegenseitig nach ihrem Herkommen und dem Zwecke der Reise. Arnolph ist Schreiber gewesen auf der Burg, die sie eben gesehen haben, und kehrt jetzt in die Heimat zurück, um dem Wunsche der Eltern gemäss sich dem geistlichen Stande zu widmen. Florian ist Baccalaureus, offenbar von Leipzig. Er erzählt, dass die Fürsten von Dresden nach Leipzig überzusiedeln gedächten. Nach dem Tode des Herzogs Wilhelm hätten sie Thüringen zum Sitze erkoren, aber keine Lage wäre so günstig wie Leipzig. Die Stadt berge zudem ein Kleinod in ihrer Universität. Auch strömten dort an den Markttagen Kaufleute, Adelige und Bürgersleute aus allen Provinzen zusammen. Arnolph glaubt, dass es jedenfalls viel böses Blut absetzen würde, wenn Ritter und Studenten auf einander stiessen. Florian erwidert jedoch, die besseren Studenten würden keinen Streit beginnen, und gegen die Taugenichtse und nächtlichen Umherstreifer von beiden Parteien schritten die Fürsten und die Universität[1]) schon rechtzeitig ein. Arnolph schlägt nach diesen Reden vor, in eine Schenke zu gehen und sich durch einen Trunk und Imbiss zu stärken. Er verspürt grosse Lust zu einem Gericht von Fischen, an deren guter Zubereitung Florian aber Zweifel hegt. Arnolph will deshalb selbst beim Kochen zugegen sein.

2) Florian erzählt Arnolph von der furchtbaren Getreideteuerung, die Leipzig heimgesucht. In ihrer Not hat die Stadt eine grosse Bitt-Prozession um fruchtbaren Regen veranstaltet, bei welcher folgende Ordnung befolgt worden ist: Vor dem Sakrament sind gegangen die Scholaren und Baccalauren der Universität und die Priester in ihrem Ornate. Hinter dem Sakrament zunächst die Lehrer der Universität — rector, doctores und magistri — dann der Bürgermeister und die sonstigen Magistratspersonen, darauf die Männer aus dem Volke. Ihnen haben sich die Frauen angeschlossen, zuerst die Jungfrauen mit nackten Füssen und herabwallendem Haar, meistens eine Kerze in der Hand tragend. Viele haben bitterlich

Seite leer, Sign. nij-lilj, gothische Typen (U. B. Breslau, H. B. Wien). Eine fünfte ist im Besitz der H. B. Wien.

Den Elegantien folgten als Ergänzung „Colores rhetoricae discipliniae," in welchen technische Ausdrücke, namentlich gewisser Kunstmittel, auf dem Gebiete der Rhetorik erklärt werden. Hain hat unter No. 11725 eine Ausgabe beschrieben (H. u. St. B. München, U. B. Breslau, U. B. Strassburg).

Ich bemerke, dass ich bei den beiläufig citierten Werken des Niavis auf ein Nachforschen nach sämtlichen Drucken verzichtet und mich in der Regel mit der Einsicht einer Ausgabe begnügt habe. Eine ausführliche Bibliographie aller Schriften aber gedenke ich später in den Mitteilungen der Gesellschaft für deutsche Erziehungs- und Schulgeschichte oder in einer Monographie über Niavis zu veröffentlichen.

[1]) Vgl. das „Mandatum de non vagando nocturno tempore, vasallis principum ac circulatoribus non offendendis" im Libellus formularis Universitatis studii Lipczensis bei Zarncke a. a. O. S. 168.

geweint und auch manche weichherzige Männer zu Thränen gerührt. — In
den umliegenden Städten ist dasselbe Elend gewesen. Jeden Tag sind
Prozessionen nach Eich und anderen Wallfahrtsorten gegangen. Man hat
auch von Wundern erzählt. Einem Hirten soll auf dem Felde ein Mann
erschienen sein und ihn aufgefordert haben, nach Halle zu gehen und dem
Volke zu verkünden, dass seine Sünden an dem Unglücke des Landes
schuld wären. Damit man seinen Worten eher Glauben schenke, habe der
Mann dem Hirten ein rotes Kreuz auf die Hand gedrückt. Ueberall, wohin dieser nun gekommen, in Halle, in Leipzig und in Eich, sind grosse
Aufläufe entstanden. Florian hat der ganzen Wundergeschichte wenig
getraut. Er weiss, dass es gewisse Kräuter gebe, mit deren ätzendem
Safte man die Haut zu färben instande sei.

3) Florian hatte in seiner vorigen Erzählung wiederholt den Namen
Eich erwähnt. Arnolph bittet ihn, zu berichten, was er über den Ursprung
der Kirche und der Wallfahrt wisse[1]). Die Gründung knüpfe sich an ein
Wunder, erzählt Florian. In einem Eichbaume sei dort eines Tages ein
Bild der Gottesmutter gefunden worden. Obwohl die Anwohner dasselbe
fortgetragen zu einer Kirche in der Nachbarschaft, sei am folgenden Tage
doch wieder an der Stelle das gleiche Bild zu sehen gewesen. Von diesem
wunderbaren Ereignisse habe sich die Kunde schnell verbreitet, und es
seien Lahme, Blinde und Stumme in solcher Menge mit Opfergaben herbei-
geströmt, dass von dem Gelde das Kirchlein hätte erbaut werden können.
Auf Arnolphs Frage, ob er an das Wunder glaube, giebt Florian aus
Furcht, eine Gotteslästerung zu begehen, keine bestimmte Antwort. Arnolph
ist der Ansicht, dass man nicht gleich ein Ketzer zu sein brauche, wenn
man an dieser Erzählung zweifele, zumal soviel Betrug mit derartigen
Dingen getrieben werde. Er kann dafür ein hübsches Beispiel erzählen:
Eine Witwe hatte eine Tochter, welche einen Jüngling liebte, aber von
der Mutter so überwacht wurde, dass sie niemals mit dem Geliebten zu-
sammenkommen konnte. Deshalb ersann das Mädchen eine List. In der
Nacht, als die Mutter in festem Schlafe lag, stand sie auf, zündete ein
Licht an, hüllte sich in ein weisses Gewand, trat in die Stube der
Mutter und rief: „Wenn du nicht zur unbefleckten Gottesmutter in Eich
pilgerst, wirst du sterben, o Weib!" Als die Frau erschrocken aufsprang,

---

[1]) Zedlers Grosses vollständiges Universal-Lexikon, 8. Band. Halle
und Leipzig 1734. Sp. 450/1 berichtet: „Eicha, Eycha oder Aicha, ein ur-
altes Gestiffte zwischen Grimma und Leipzig bey Nauenhof, welches seinen
Ursprung von einer Eiche hat, worinnen ein Fuhrmann, als er in dieser
Gegend im Kothe stecken geblieben, ein Marien-Bild gesehen, und durch
dessen Hülffe wieder soll herausgekommen seyn. Worauff eine ungemein
schöne und grosse Kirche vermittelst einer starken Wallfahrt zu unserer
lieben Frauen erbauet worden, dem Churfürst Fridericus Sapiens noch ein
besonderes Ordens-Haus von Antonier-Herren, unter der Inspection seines
Praeceptoris zu Lichtenburg beygefügt." — Letzteres geschah 1497. Vgl.
Otto Freiherr Grote, Lexikon deutscher Stifter, Klöster und Ordenshäuser.
1. Abt., Osterwick 1881, S. 125 unter dem Namen Eicha.

löschte die Tochter das Licht aus und verschwand. In der folgenden
Nacht wiederholte sich die Erscheinung, und die Bestürzung der Mutter
wurde noch grösser. Weil sie aber ahnen mochte, dass irgend eine List
im Spiele sei, machte sie einem Bekannten, einem kühnen und starken
Manne, Mitteilung. Dieser verbarg sich in der nächsten Nacht in einem
Winkel des Hauses, und als das Gespenst herankam, sprang er hervor,
umfasste die Gestalt und trug sie zur Mutter, die voll Erstaunen ihre
Tochter erkannte. Diese konnte vor Schrecken kein Wort hervorbringen.
Am folgenden Tage offenbarte sie jedoch, sie hätte geträumt, wenn die
Mutter nach Eich wallfahre, bekäme sie den Geliebten zum Manne.
Darauf hielten der Fremde und die Mutter eine Beratung ab, deren Er-
gebnis die Einwilligung in die Wünsche des Mädchens war. Arnolph kann
den Namen der Familie nennen. Auch den wunderbaren Erzählungen von
Befreiung der Gefangenen aus dem Kerker durch den Beistand der Gottesmutter[1]) bringt er wenig Glauben entgegen, soviel die Priester auf der
Kanzel von solchen Wundergeschichten — um ihres eigenen Geldgewinns
halber — auch predigten. Er hat auf den Burgen der Adeligen gehört,
was es mit den Befreiungen oft für eine Bewandtnis habe. Wenn die
Ritter einem Gefangenen trotz unmenschlicher Martern kein Geständnis
hätten abnötigen können und auch kein falscher Zeuge aufzutreiben gewesen
wäre, so übergäben sie das schuldlose Opfer dem Wächter in den Kerker,
liessen aber ein Instrument beilegen, mit welchem es die Ketten brechen
könnte. Der Arme, der fest an seinen Tod glaube, riefe dann alle Heiligen
um Beistand an. Da finde er plötzlich das Instrument, sprenge die Fesseln,
verkünde eine Rettung durch die Hand Gottes und seiner Heiligen und
bringe die zerbrochenen Ketten schleunigst zu irgend einer Kirche.

4) Arnolph und Florian preisen in hitzigem Wettstreit die Vorzüge
ihrer Heimat. Arnolph rühmt die Fruchtbarkeit seines Frankens, durch
die es weit ausgezeichnet erscheine vor Thüringen und Meissen, deren
Ehre Florian jedoch durch die Frage rettet, weshalb denn so viele Franken
zu ihnen herüberkämen. Florian preist dann seinerseits die Herrn von
Meissen, denen alles Land gehörte, das sie ringsum erblickten, als die
glücklichsten aller Fürsten, welches Lob Arnolph wieder für seinen Mark-
grafen in Anspruch nimmt, der begütert sei und dazu noch viele glückliche
Kriege geführt habe. Florians Einwurf, dass er auch schon manche
Niederlage erlitten, weist Arnolph mit der Bemerkung zurück, dass die
Fürsten von Meissen überhaupt jeder Kriegskunst unkundig wären, worauf
ihn Florian wieder bescheidet, dass es auch einen Ruhm des Friedens und

---

[1]) Dass Niavis sonst ein eifriger Verehrer Mariens war, zeigt seine
nach den Regeln der Rhetorik als Musterbeispiel geschriebene und mit
vielem klassischen Beiwerk geschmückte Rede über die vielumstrittene
Frage von der Unbefleckten Empfängnis der Gottesmutter, die Niavis bejaht (Declamatio magistri Pauli Niavis de conceptione Intemeratae virginis
Mariae sub genere demonstrativo conscripta. Ausgabe o. O. u. J. beschrieben bei Hain, No. 11742 [U. B. Göttingen, H. u. St. B. München]).

der Weisheit gäbe, durch welchen die Meissener die Herrschaft so hüben,
dass kein Fürst Alemanniens sich mit ihnen messen könne¹).

5) Arnolph erscheint in diesem Gespräche als Priester. Er nötigt
Florian, der eben als frischgebackener Baccalaureus von Leipzig kommt,
mit ihm eine collatio einzunehmen. Es werde auch noch ein Kollege von
Arnolph, namens Konrad, erscheinen, ein grundgelehrter Mann, vor dem
sich Florian wohl zusammennehmen möge. Er habe in Ulm eine ganz vorzügliche Partikularschule durchgemacht²). Konrad erscheint, begrüsst
Florian und schickt gleich einen Diener ab, dass er für 3 Denare gutes
Bier hole. Er soll nur bemerken, dass es für Herrn Konrad wäre.
Florian lässt sich durch die angekündigte Gelehrtheit des Fremden keineswegs einschüchtern, er spricht frei vom Herzen, preist die Poesie, citiert
Persius u. s. w. und entwickelt dabei eine solche Redegewandtheit, dass
Konrad und Arnolph staunen ob seiner Kenntnisse und der letztere ausruft: „Ulma iam depressa est et victa quiescit!"

6) Florian hat bei der vorigen collatio Arnolph und Konrad versprechen müssen, bald einmal wiederzukehren, und löst nun sein Versprechen ein. Arnolph bemüht sich bei der Unterhaltung vergebens, ihn
zum Studium der Theologie zu bestimmen³). Einmal sicht Florian die

¹) Vgl. zu diesem Streite die Briefe mit der Ueberschrift: „Contentio
eorum, qui diversos principes laudarunt" und „Contentio duorum per
epistolas, qui diversos principes commendant" in der Sammlung der
„Epistolae breves" des Niavis (In der mir vorliegenden Ausgabe, Hain
No. 11727 [H. u. St. B. München, K. B. Berlin], Bl. 19a). — Ich mache bei
dieser Gelegenheit auf die Briefsammlungen des Niavis, welche Knaben
und Fortgeschritteneren in 3 Abteilungen (Epistolae breves, mediocres und
longiores) Musterbeispiele für die Abfassung von Briefen zu bieten bestimmt sind, zum grössten Teile aber wirklich von Niavis an seine Freunde
geschriebene Briefe enthalten und deshalb auch als biographische Quellen
Beachtung verdienen, besonders aufmerksam. In einem Aufsatze, der demnächst in der Zeitschrift für Kulturgeschichte erscheinen wird, habe ich
über „Die Anleitung zum Briefschreiben und die Sammlungen von Briefen
des Paulus Niavis" ausführlich gehandelt.

²) Vgl. über diese Schule G. Veesenmeyer, De schola latina Ulmana
ante et sub reformationis tempus brevis narratio, Ulmae 1818 und W. Krafft,
Zur Geschichte des Ulmer Gymnasiums bis 1613, Progr. Ulm 1858.
J. Müller, Schulordnungen S. 125—128 teilt einen Lektionsplan aus dem
Jahre 1500 mit.

³) Dass solche Bemühungen auch um Niavis selbst gemacht sind, beweist der Brief mit der Ueberschrift: „Excusat se, cur sibi non conveniat
in religionem ingredi" in den Epistolae longiores. In der mir vorliegenden
Ausgabe [nicht im Hain]: Epistole longiores Ma || gistri Pauli Niavis ||
Bl. 2a: Paulus Niavis arcium Magister ||| Honorando viro Andree hubner ||
archidiacono tobneusi: commenda || torique et plebano in plawen domi ||| no
et fautori suo colendissimo. Sa || lutem plurimam dicit. ¶ O. O. u. J.,
Sign. Aiij-Ciiij, 34 Linien, 24 Bll. 4°. Bl. 9b. (K. B. Berlin).

jungen Mädchen viel zu gern, und zweitens fehlen ihm die für einen
Geistlichen nötigen Mittel. Er ist ohne beneficium, ohne jede possessio
ecclesiastica. Arnolph versichert, dass er ihm schon bald einen Titel verschaffen würde, er solle nur schnell einen kühnen Entschluss fassen.
Florian will sich die Sache erst reiflich überlegen, er hat in seinem
Sallust¹) gelesen: „Priusquam incipias, consulto, et ubi consulueris, mature
facto opus est."

7) Florian erscheint als Bittender vor Arnolph, der hier als angesehener doctor figuriert. Das Rektorat der Schule des Ortes ist abgelaufen und soll vom Kapitel neubesetzt werden. Florian trachtet nach
dem Amte, ist aber in der Gegend unbekannt und wendet sich, weil er
eines Fürsprechers bedarf, vertrauensvoll an Arnolph. Dieser verspricht,
nachdem er sich mit der Herkunft und den Verhältnissen Florians — er
ist ein geborener Meissener, hat zu Leipzig das Baccalaureat erlangt, ist
schon eine Zeit lang als collateralis eines Rektors thätig gewesen und
auch für den vorgeschriebenen Gesangunterricht genügend vorbereitet —
bekannt gemacht, ein Wort für ihn einzulegen. Er selbst solle nur erhobenen Hauptes und in freier Rede im Kapitel sein Anliegen vorbringen.

Ein anderes Mal bewirbt sich Florian — er ist jetzt aus Nürnberg
— bei Arnolph um Fürsprache bei Erlangung eines „Notariats"²).

8) Florian überbringt Arnolph Grüsse von Konrad. — Er beglückwünscht ihn zur Erlangung eines beneficium. — Arnolph erkundigt sich,
ob Florian seinen jüngsten Sohn in Leipzig kennen gelernt habe. Florian
hat ein anderes collegium bewohnt, soviel er aber gehört, ist der Sohn
recht fleissig. Arnolph bittet, einen Brief an ihn und seinen Lehrer mitzunehmen.

9) Florian und Arnolph freuen sich, nach langer Zeit wieder einmal
zusammenzutreffen, erkundigen sich gegenseitig nach dem Befinden und
verabreden für den nächsten Freitag eine collatio. —
Arnolph ist locatus³). Florian fragt, ob er sich auch mit den
schönen Künsten befasse. Arnolph bejaht die Frage, er studiert jeden
Tag eifrig Grammatik, um später, wenn er diese vollständig beherrscht,
sich den anderen Wissenschaften zuzuwenden. Florian nennt sein Beginnen
thöricht, die Künste seien alle so eng mit einander verwandt, dass man
nicht die eine ohne die andere erlernen könne. Uebrigens wäre er überzeugt, dass Arnolph gute Grammatiker überhaupt nicht kenne. Arnolph

---

¹) Sallust, Cat. 1. 6.
²) Die Rektoren versahen häufig noch im Nebenamte die Stelle des
Stadtschreibers (notarii publici), vgl. Kaemmel a. a. O. S. 130.
³) Die locati waren ältere Schüler, welche dem Lehrer für den
Unterricht in den Elementen zur Seite standen. Ueber die Ableitung des
Namens (wohl von locus = Schülerabteilung, also Inhaber einer solchen
Abteilung) vgl. Paulsen a. a. O. S. 19, Anm. Vgl. auch F. Koldewey,
Braunschweigische Schulordnungen, Bd. 1 (= M. G. P. I). S. XLIII f.

3*

fragt erstaunt, ob denn die Modi significandi¹), Alexander²) und Eberhard³) keine „guten Grammatiker" wären? Florian erwidert, da sei er gewaltig im Irrtum, es gäbe viele Bücher, welche die Schüler noch dümmer machten, als sie gewesen. Zudem sei Alexanders „compilatio" für Knaben bestimmt, sie passe nicht für einen Dreissigjährigen. Ob er denn gar nichts wisse von Dialektik, von Physik, von der „prima philosophia" und vielleicht auch von den Disciplinen der Theologen, Juristen und Mediziner. Arnolph weiss gar nicht, wovon Florian spricht, er hat von diesen Dingen noch nie gehört und beginnt einzusehen, wie es um seine Wissenschaft bestellt ist. Florian sieht die einzige Rettung für ihn im Besuche einer Universität, den Arnolph nun auch so schnell als möglich zu verwirklichen beschliesst.

10) Ein neuer Rektor bedankt sich bei dem Pfarrer und dem Rate für das ihm übertragene Amt und hält den Schülern eine eindringliche Rede über ihre Pflichten [Kein Dialog!].

11) In der Rede fortfahrend, erklärt er, dass er zu seiner Unterstützung tüchtige collaterales einsetzen werde. Er habe schon einen Baccalaureus von ausgezeichnetem Rufe angenommen, welchen die Schüler geradeso wie den Rektor selbst zu achten hätten. Er erteilt demselben die Befugnis „legendi, exercendi officium praeceptionemque resumendi, corrigere utcumque libuerit, canendi munus . . . prospiciendique chori solemnitatem" und überreicht ihm als Zeichen seiner vollen Macht über die Schüler eine Rute und einen Stab. Der Baccalaureus hält eine Dankrede und gelobt, nach bestem Vermögen zu handeln. — Um den Eifer der Schüler anzuspornen, wendet der Rektor die übliche „persuasio" an, indem er sie von der Vortrefflichkeit ihres Studiums zu überzeugen

---

¹) Ueber diese den Titel „De modis significandi" führende philosophische Grammatik des 13. Jahrhunderts und ihre Anhänger, die sog. Modisten, vgl. Joh. Müller, Modisten, im Anzeiger für Kunde der deutschen Vorzeit, Bd. 25 (1878), S. 233 ff. und 352 ff. und J. J. Baebler, Beiträge zu einer Geschichte der lateinischen Grammatik im Mittelalter, Halle 1885, S. 74—94.

²) Das berühmte und „berüchtigte" in 2645 leoninischen Hexametern, mit Voraussetzung der Kenntnis von der Ars minor des Donat, die lateinische Grammatik behandelnde „Doctrinale" des Franziskaners Alexander de Villa-Dei, welches von seiner Entstehung im Jahre 1199 an über 300 Jahre lang die Schulen beherrscht hat, ist uns von D. Reichling in einem oben schon zitierten äusserst sorgfältigen Neudrucke bequem zugänglich gemacht worden.

³) Ueber das 12 Jahre nach dem Doctrinale unter dem Titel „Graecismus" herausgegebene und mit Alexanders Werk an vielen Stellen wörtlich übereinstimmende Lehrbuch des Flamländers Eberhard von Bethune vgl. die Einleitung Reichlings zum Doctrinale, S. LXXIX—LXXXIII und Baebler a. a. O. S. 95 ff. Ausgabe: Corpus grammaticorum medii aevi Vol. I: Eberhardi Bethuniensis Graecismus edidit Joh. Wrobel, Vratislaviae, 1887.

sucht, und weist zum Schlusse auf die Notwendigkeit von Gottes Beistand hin.

12) Florian hat gehört, dass man Arnolph den wunderbaren Namen des „Eisernen" beilege und fragt diesen, was das Wort zu bedeuten habe. Etwas unwillig erklärt Arnolph: „Ferreus is est, qui pluribus debet et nemini satisfacere studet." Die Leute hätten ihm den Namen gegeben, weil er sich weigere, an ihren Gelagen und unnützen Ausgaben teilzunehmen. Florian vermutet, er würde sich wohl von anderen gern traktieren lassen, aber wenn an ihn die Reihe des Bezahlens käme, sich drücken. Arnolph erwidert, er habe den besten Willen, aber wenn er alle befriedigen wolle, würde er oft mit 5 Groschen nicht auskommen, und ihm wüchse das Geld nicht im Garten.

13) Arnolph überredet Florian durch Ausmalung grosser Gewinne, mit ihm zusammen eine Summe Geldes in die Bergwerke auf dem Schneeberge[1]) zu stecken. Florian giebt trotz seiner dürftigen Verhältnisse 100 Gulden her. — Arnolph hat selbst das Geld nach dem Schneeberg gebracht, kehrt aber sehr enttäuscht zurück. Die ganze Wirtschaft ist ihm so merkwürdig vorgekommen, dass er bezweifelt, ob er die angelegte Summe jemals wiederbekommen wird.

14) Arnolph und Florian besichtigen zusammen die Gruben des Schneebergs. Arnolph spielt den Führer. Zuerst kommen sie an die wegen eingedrungenen Wassers nicht mehr benutzte Grube Sitich, darauf zu dem „antrum aerculum", so genannt, weil von dort aus die Gruben mit frischer Luft versorgt werden, dann zu der „fovea inventoria", wo das

---

[1]) Die neuangelegten Bergwerke des Schneebergs bilden auch den Gegenstand einer besonderen Schrift des Niavis, in welcher von folgender einem Eremiten aus der Gegend des böhmischen Städtchens Lichtenstadt am Tage nach dem Feste der Apostel Philippus und Jakobus 1475 gewordenen Vision erzählt wird: Vor dem Throne Juppiters erscheinen die Götter und Göttinnen Mercur, Bacchus, Ceres, Pallas, Pluto, Charon und die Faunen. Sie alle fühlen sich durch die Anlage der Bergwerke in ihrem Rechte geschmälert und erheben — Mercur als Anwalt der verletzten Mutter Erde an der Spitze — Klage gegen den Menschen, der sich jedoch von den Penaten unterstützt gewandt verteidigt. Juppiter überträgt, selbst unschlüssig, die Entscheidung des Streites Fortuna, die durch ein geschicktes Urteil beide Teile befriedigt. — Von der Schrift, welche den Titel führt „Judicium Jovis in valle amoenitatis habitum", verzeichnet Hain 2 Ausgaben s. l. et a., No.11743 (H. u. St. B. München, K. B. Dresden, K. B. Berlin, letzteres Exemplar defekt) und No.11744. — Das Werk ist mitsamt unseren Dialogen 13 und 14 abgedruckt in der Sammlung vermischter Nachrichten zur Sächsischen Geschichte, 1. Bd. a. a. O. S. 31ff. (Judicium Jovis in valle amoenitatis, ad quod mortalis homo a terra tractus propter montifodinas in monte niveo, allisque multis, perfectas ac demum parricidio accusatus. A. M. Paulo Niave circa annum CIƆCCCCLXXX [?] conscriptum et editum. Nebst vorangehender Nachlese von den Schriften des Verfassers, zwoyen Gesprächen ebendesselben, gleiches Innhaltes und einigen Anmerkungen).

erste Erz gefunden. Florian, welcher von solchen Dingen noch nichts gesehen, fällt die bleiche Gesichtsfarbe der Bergknappen auf. Arnolph erzählt von ihrem ungesunden und gefahrvollen Leben u. s. w. Zum Schluss gehen sie noch nach dem westlich vom Schneeberg liegenden Mühlberg, wo die Münzerzeche ist.

15) Florian ist es infolge der unglücklichen Anlage seines Geldes nicht möglich, die Universität wieder zu besuchen. Arnolph machen die faulen und ungezogenen Schüler viele Sorgen. — Florian kommt vom Markte, wo in den Fastnachtstagen ein solches Geheul und Geschrei ist, dass man sein eigenes Wort nicht verstehen kann. Arnolph schiebt diese falsche Genusssucht auf die schlechte Erziehung. Sobald das Kind von den Brüsten der Mutter käme, würde ihm Bier gereicht, und so sei es denn nicht zu verwundern, wenn es später des Morgens schon im Wirtshaus sitze und des Mittags betrunken einherwanke. Florian fragt, was die Frauen zu dem leichtsinnigen Leben ihrer Männer sagten. „Nichts," erwidert Arnolph, „sie sind nämlich ebenso schlimm wie die Männer!" — Arnolph und Florian machen einen Spaziergang, um die junge Frühlingspracht zu bewundern. — Arnolph ist erfreut, als Florian ihn besucht und er statt der ewigen Bauern einmal einen studierten Menschen zu sehen bekommt. Beim Fortgehen entschuldigt sich Florian, wenn er irgend ein unziemliches Wort gesprochen haben sollte.

16) Florian preist den Nutzen des frühen Aufstehens. In der vergangenen Nacht ist er durch den Traum geschreckt, dass beide Eltern gestorben. Arnolph mahnt, auf eitele Träume nie zu bauen. Am folgenden Morgen muss sich Florian schon in aller Frühe erheben, um Surgellus ein geliehenes Buch zurückzubringen. Deshalb denkt er früh zu Bett zu gehen, was ja auch vorteilhafter sei, als bis in die Nacht hinein zu trinken und zu spielen.

17) Arnolph treibt durch schlaue Ueberredung Florian zu dem Entschlusse, ins Kloster zu gehen. Er schildert ihm die Verderbnis der Welt, vor welcher hinter den Klostermauern ein fester Schutzwall sei. Florian wendet ein, man sage, dass nirgends so viel Hass und Missgunst wäre als unter Mönchsgewändern. Das möge vor der „reformatio ordinis" der Fall gewesen sein, erwidert Arnolph, jetzt gäbe es keine Bevorzugten mehr, welche die Matutinen verschlafen dürften u. s. w. Florian wird immer gefügiger, und Arnolph verdoppelt seine Anstrengungen. Florian soll sich auf der Stelle entscheiden, er soll dem Kapitel und dem Prior seine Bitte vortragen und nicht nachlassen, wenn er zuerst eine abweisende Antwort erhält, man will damit nur die Standhaftigkeit des Neulings erproben.

18) Arnolph klagt, dass Florian ihn so wenig besuche. — Bald darauf erscheint Florian. Arnolph bittet ihn, zum Essen zu bleiben. Den Eltern soll Bescheid geschickt werden. Florian will seinen Teil für die collatio bezahlen, wird aber zurückgewiesen. — Er hat Leute gesehen, welche ein wunderbares Buch gehabt haben mit Beschwörungsformeln für Geister, die verborgene Schätze bewachten. Sie wollen ihre Kunst er-

proben in einem Berge bei der Stadt, wo in einer von Dornen und
Brombeersträuchern überwucherten Höhle die Vorfahren einst bei dem Ein-
falle der Hussiten ihr Geld vergraben haben sollten. Arnolph bemerkt
lächelnd, dass es schwer sei, den Dämonen etwas aus den Zähnen zu
reissen. Er hat von seinen Eltern gehört, dass schon früher einmal
Nigromantiker, von denen einer seine Kunst zu Paris erlernt, den Platz
untersucht und nichs gefunden hätten.

19) Arnolph erkundigt sich bei Florian, ob wahr sei, was ihm vor
einigen Tagen ein Mitglied der Universität Leipzig berichtet, dass nämlich
dort das ganze Studium umgewandelt und die Bücher, welche früher
in den höchsten Ehren gestanden, verworfen seien, als da wären
Parvorum logicalium liber, quem Maufelt nuncupavere,[1]) der Parvulus
dialecticae, den man Petrus von Dresden[2]) zuschreibe, die Composita
verborum,[3]) Eberardus, die Modi significandi u. s. w. Florian bejaht die
Frage und verficht eifrig die Vorzüge der neuen Unterrichtsmethode.
Von Italien sei eine Grammatik[4]) eingeführt. Aus dieser lernten
die Schüler ganz kurz die notwendigsten Regeln, um sich dann gleich zur
Lektüre guter Klassiker zu wenden und mit der Kenntnis dieser ein festes
Fundament zu legen für den ganzen Bau des Wissens. Arnolph bleibt
durchaus dabei, dass einer, der „Alexandri partes, casuum temporumque
variationem modorumque significandi proprietates" nicht kenne, auch in
keiner anderen Wissenschaft vorwärts zu kommen vermöge; zudem hält er
es für frevelhaft, auf einmal von dem Brauche der Vorfahren abzuweichen.

---

[1]) Aus diesem Buche gab Niavis selbst einen Auszug (Compen-
diosissimus tractatulus attente excerptus libello maulfett [sic?] plurimum
conducens nedum novellis studentibus sed upprime Baccalariandis sicut
claret cuilibet sane inspicienti. Hain No. 11745). Ueber den Gebrauch des
Werkes an der Universität Leipzig heisst es in einem wahrscheinlich 1483
gemachten Zusatze zu der dritten Statutenredaktion von 1471: „. . . quod
pro exercicio parvorum loycalium magistri libere disputare possunt septimum
tractatum Petri Hispani cum tractatu quodam consequentiarum aut
Maulfelt vel alterius." Siehe die Statutenbücher der Universität Leipzig
aus den ersten 150 Jahren ihres Bestehens herausgegeben von F. Zarncke,
Leipzig 1861, S. 394. — Dass das Doctrinale noch nicht sobald völlig
von der Universität verschwand, beweist der Umstand, dass noch in der
fünften Statutenredaktion von 1507 unter den Libri audiendi pro gradu
baccalariatus als solche, die in den Hundstagen von den Baccalauren zu lesen,
die „partes Alexandri" erscheinen, während von den Magistern allerdings
„Priscianus seu alia communis grammatica" zu grunde zu legen war.
Statutenbücher S. 490.

[2]) Vgl. über ihn den Artikel von P. Pfotenhauer in der Allgemeinen
Deutschen Biographie, Bd. 25, S. 474.

[3]) Sie sind ein Werk des Engländers Johannes von Garlandia. Vgl.
J. Müller, Quellenschriften, S. 257. Der Verfasser gehört jedoch nicht, wie
Müller meint, dem 11., sondern dem 13. Jahrhundert an. Vgl. Reichling
a. a. O. S. LXXXII.

[4]) Wahrscheinlich die des Nicolaus Perottus, seit 1473.

Florian widerlegt ihn glänzend und giebt ihm die Frage zu beantworten, ob der ein besserer Grammatiker sei, der gewandt und richtig über alles, was ihm begegne, sprechen könne, ohne sich um die Bildung der Tempora zu kümmern, oder der, welcher letztere von Grund aus kenne, aber ein paar Worte zu sprechen nicht imstande sei. „Vera grammatica et quae fandi rationem praebet, in oratorum voluminibus poetarumque consistit!" ruft er Arnolph zu und bittet ihn schliesslich, einmal seinen Studiengang auseinanderzusetzen. Mit 20 Jahren hat Arnolph nichts gekonnt als Lesen, Schreiben, das Vater-Unser, den Donat und die Teile Alexanders, während Doctor Rupertus — offenbar ein nach der neuen Methode gebildeter Mann — mit 24 Jahren schon Magister und Doctor utriusque iuris gewesen ist. —

Florian verflucht den unglückseligen locatus, welcher bei der Erklärung des Donat seinen Sohn Rudolf in einer Stunde sechsmal geprügelt hat und zwar derartig, dass von den Knöcheln bis auf den Rücken kein Fleckchen ohne Wunde gewesen ist. Arnolph klagt gleichfalls über die Härte der Lehrer. Gerade die Stunde „pro casibus et temporibus" ist für ihn in seiner Jugend auch immer die schlimmste gewesen, und er hat von all' diesem unnützen Studium — man halte daneben seine vorigen Ausführungen! — nicht den geringsten Vorteil gehabt. Florians jüngerer Bruder hat wegen der vielen Schläge in der Donat-Stunde das Studium ganz aufgegeben. Es sei tief zu beklagen, dass der Pfarrer und der Rat hier keine Abhilfe schafften.[1])

Den dritten und letzten Teil der Idiomata bildet das

Latinum idioma pro scholaribus adhuc particularia frequentantibus.

Die wieder an den Presbyter Erasmus gerichtete Vorrede preist den Nutzen eines guten Unterrichts, dem auch das vorliegende Büchlein dienen solle. — Ein Prolog schildert die Bedeutung der lateinischen Sprache. Das Werk selbst besteht aus zwölf Dialogen:

1) Ein Knabe bittet den Rektor, ihn als Schüler anzunehmen und ihm eine Wohnung zu verschaffen. Sein Wunsch wird erfüllt, nachdem er versprochen, in der Schule folgsam zu sein und den Mietsleuten, zumal dieselben jetzt einen gewissen Widerwillen gegen die Schüler hätten, nicht lästig zu fallen. — Dasselbe Thema erfährt noch zwei Variationen. In der letzten ist der Schüler ein geborener Hallenser und kommt von einer Dresdener Schule. Er möchte in die bursa des Rektors aufgenommen werden, die jedoch schon überfüllt ist.

---

[1]) Vgl. Dialog 4 des Latinum idioma pro parvulis.

2) Schüler bitten unter allerlei Vorwänden um Entlassung aus der Schule. Die einen möchten sich nur einmal verändern und die Welt besehen, ein anderer wird durch den schlechten Zustand seiner Kleidung nach Hause genötigt. Noch einem anderen flösst die Gebrechlichkeit der Eltern Besorgnis ein, dass sie sterben und ihre Güter in fremde Hände fallen möchten.

3) Esculus trifft Albinus, welcher von Nürnberg kommt und auf dem Wege nach Zwickau ist, wo eine so vorzügliche Schule sein solle, dass man auf einer Universität nicht mehr lernen könne.[1]) Esculus erzählt ihm indessen so viel Rühmendes von der Schule am Orte, dass der Fremde seinen Zwickauer Plan aufgiebt und bei Esculus zu bleiben beschliesst. Zuerst lernten sie die Deklination, führt Esculus aus, dann läsen sie gewisse dialektische Traktate des Petrus Hispanus,[2]) darauf den Kommentar des Doctor subtilis (Scotus) zu den Praedicabilia des Porphyrius,[3]) ferner einen vortrefflichen Traktat des Cicero, der Laelius betitelt sei, und endlich nach der Vesper würde das Latinum idioma[4]) geübt. —

Albinus ist durch die Pest von Halle vertrieben[5]) und kann nicht genug bedauern, dass er die vorzügliche Schule hat verlassen müssen. Der Lehrer hat ihnen dort die Dialektik des Petrus Hispanus von Anfang bis zu Ende „sole clarius" erklärt, ferner „parvulum philosophiae naturalis" und in der Grammatik die „Modi significandi" und einen „Moralis autor pro declinatione [Cato]." Albinus ist noch unschlüssig, wohin er sich nun wenden soll. Wenn er sich den Humanitätsstudien zuwenden wolle, so solle er, wo er wäre, bei ihnen, bleiben, rät Esculus. Als Albinus diese Worte hört, preist er den Tag glücklich, der ihn hergeführt. Er hätte

---

[1]) Die 1330 zuerst mit Sicherheit nachzuweisende Zwickauer Schule, welche am Ausgang des 15. Jahrhunderts zu den berühmtesten Trivialschulen Deutschlands gehörte, soll unter dem Rektorate des Magister Val. Strödel (1476—90) 900 heimische und ausländische Schüler gezählt haben. Vgl. Joh. Müller, Schulordnungen S. 202/4. Näheres über die Schule bei E. Herzog, Geschichte des Zwickauer Gymnasiums, Zwickau 1869.
[2]) Vgl. über dieselben u. a. C. Prantl, Geschichte der Logik im Abendlande, Bd. 3, S. 33ff.
[3]) Vgl. C. Prantl a. a. O., Bd. 3, S. 223ff.
[4]) Eben wohl im Anschluss an das Latinum idioma pro parvulis des Niavis. — Vgl. den zweiten Teil dieses Kapitels.
[5]) In dem Briefe mit der Ueberschrift „Epistola narrans quendam propter pestis timorem recessisse" aus der Sammlung der Epistolae mediocres (Ausg. Hain No 11733, K B. Berlin, Bl. 11a) erzählt Niavis, dass das Wüten der Pest auch für ihn die Ursache gewesen, seine Lehrerstelle in Halle aufzugeben. Die bemerkenswerte Stelle lautet: „Nam et morbum illum metuebam et ubi schola posita est, foetor haud quidem parvus exstitit, et tu, quemadmodum arbitratu concipio, complexionem meam non ignoras. Apertae sunt tibi infirmitates meae, quot et quantae [sic!] perpessus fuerim, ea certe in aestate, quando apud vos scholasticum primum onus, prope dixerim saxum, collo imposuerim".

schon viele Länder durchwandert und vergeblich nach dem Studium gesucht, das er hier jetzt gefunden. Esculus erzählt ihm dann von dem Laelius des Cicero, „des Vaters der Beredsamkeit," den sie gerade läsen, von der Unterweisung im Briefschreiben,¹) die ihnen erteilt würde, und von der Uebung eines kleinen Traktates, „quem nuncupat magister „latinum idioma." Is communes locutiones in se continet et docet, quo pacto inter se fari debeant scholares." Albinus beschliesst, auf der Stelle zum Rektor zu gehen und sich in die gepriesene Schule aufnehmen zu lassen. —

Albinus hat wegen angeblich schlechter Behandlung die Dresdener Schule verlassen und erhebt Klage über den Rektor, dessen energisches Vorgehen Esculus jedoch rechtfertigt.

4) Das Kapitel ist eine Unterweisung — nicht in Dialogform — über eine gute Form des Grüssens.

5) Esculus bittet Albinus, ihm sein Heft zu leihen, damit er das seine nach demselben korrigieren könne. Aber Albinus' Aufzeichnungen sind infolge des schnellen Diktierens des Baccalaureus auch recht unvollkommen, ausserdem kann er das Heft nicht entbehren, weil er am folgenden Tage bei einer Disputation die Aufgabe des Respondenten hat. Die Fragen sind so schwierig, dass eine gehörige Rüstung von nöten ist. —

Albinus weist Esculus' Klagen über die Anstrengungen des Studiums zurück. — Esculus, dem es die schöne Frau Wirtin und ihr noch schöneres Töchterlein in der Nachbarschaft angethan haben, versucht Albinus zu verleiten, trotz des Verbotes des Lehrers zum Biere zu gehen. „Magistri est prohibere, nostrum autem facere quae libet" hat er sich zum verderblichen Grundsatze gemacht. Albinus bleibt jedoch standhaft, Tugend und Wissenschaft gehen ihm über das wankelmütige Weibergeschlecht. —

Albinus verspürt keine Lust, des Esculus Ruf zur Schule zu befolgen. Der lange Baccalaureus, der „in parvulo" examinieren wolle, stottere und stammele trotz all' seiner Gelehrsamkeit so viel an den Worten herum, dass es kein Genuss sei, ihn anzuhören. Ein weniger gelehrter, der die Sprache beherrschte, würde weit grössere Erfolge erzielen. Das Gespräch kommt zufällig auch auf Rätsel, in denen Albinus von den Spinnstuben seiner Heimat her eine grosse Erfahrung hat. —

Albinus verweist Esculus, welcher bittet, ihm bei der Auffindung eines Argumentes für die Disputation am folgenden Tage behilflich zu sein, an den in diesen Dingen erfahreneren Johannes Arnoldi, mit dem Esculus jedoch auf gespanntem Fusse steht. —

Esculus ladet Albinus auf seine Kosten zum Bade ein. — Er erzählt ihm, wenn er heute auf dem Chore gewesen wäre, hätte er Wunderdinge anhören können. Beim Gesange sei eine solche Verwirrung entstanden, dass sich unter dem Volke ein unwilliges Gemurmel erhoben hätte. Der Kantor hätte vor Wut derartig auf die Schüler ein-

---

¹) Ich weise zurück auf die Elegantiae Latinitatis mit der angehängten Ars epistolaris, sowie die drei Briefsammlungen des Niavis.

gehauen, dass sein Stock entzwei gebrochen wäre. Er, Esculus, sei rechtzeitig davongelaufen, den Riesenanteil der Schläge hätten Petrus de Franckendorff und Nicolaus, der Sohn des Richters, davongetragen, von denen der erstere einen Höcker auf dem Kopfe, der andere einen geschwollenen Rücken aufzuweisen habe. — Esculus fühlt sich nicht bewogen, Albinus eine Frage zu beantworten, da ihn dieser neulich beim Lehrer angezeigt habe. Albinus behauptet, dazu gezwungen gewesen zu sein. —

Esculus berichtet Albinus, dass der Lehrer ihm zürne, weil er nicht rechtzeitig zur Stelle gewesen wäre, um Bier für die Gäste herbeizuholen.

6) Dieses durch eine besondere Vorrede an Erasmus eingeleitete Gespräch zerfällt in vier Teile:

a) Lob eines Rektors. Es wird besonders hervorgehoben, dass er nicht durch Strenge, sondern durch Liebe seine Schüler regiere.

b) Tadel eines Rektors. Man müsse schon vollständig abgestumpft sein, wenn man nicht seine Unwissenheit und Tölpelhaftigkeit auf den ersten Blick erkenne, besonders, wenn er den Petrus Hispanus in gewohnter Weise resumiere. Sich einer anderen Schule zuzuwenden, ginge nicht mehr an, weil überall die „actus" der Schüler schon angefangen und die hospitia und Bursen überfüllt wären. Esculus macht Albinus deshalb den Vorschlag, privatim zusammen einige Traktate Ciceros zu lesen. Er besitze den Laelius, den Cato maior, das 6. Buch von De re publica und die Officien.

c) Lob der collaterales. Beide Baccalauren sind humanistisch gebildet. Albinus hat bei ihnen in einem Jahre mehr gelernt, als in dreien zu Kolditz.

d) Tadel der collaterales. Esculus hat einen Baccalaureus mit einer „vitrea mitra" gesehen und wegen dieser Kopfbedeckung, die nur einem Magister zukäme, von vorneherein ein Vorurteil gegen den betreffenden gefasst. — Der dicke Locatus gefällt Albinus wegen seines Stolzes noch weniger; aber es ginge immer so, wenn „bacchantes" aus dem Staube zu einer Würde erhoben würden. Da Esculus bemerkt, dass auch sie Bacchanten wären, erklärt Albinus, dass er unter diesem Namen solche Leute verstünde, die sich in irgend einer „bacchantria", — d. h. der Schule einer kleinen Stadt, in welcher der Rektor noch dummer wäre als seine Schüler — ihr Wissen geholt und nur Sinn für Kneipereien und Weiber hätten. — Esculus klagt noch über den Kantor, der neben seiner camera wohne und ihn oft bis tief in die Nacht mit einer Musik erfreue, dass man glauben möchte, die Hunde heulten. — Am widerwärtigsten ist beiden der aufgeblasene, in Kleidung und Haltung geckige Succentor. Esculus kennt ihn schon von Pegau her, wo er für ihn Saft aus den Bäumen zum Salben der Haare hat holen müssen. Er versucht nun, um den Mädchen mehr zu imponieren, die Locken auf die Schultern herabwallen zu lassen. Das pellicenm trägt er so weit über die Schultern und den Rücken, dass man keine Falte der Jacke sehen kann. Seine Aermel sind vorne eng und hinten weit. Zuweilen äfft er auch die Priester nach und setzt sich ein schwarzes Birrett auf.

7) Albinus und Esculus besichtigen die Stadt Chemnitz[1]). Als sie auf den Markt treten, erregen dicht neben der Kirche[2]) in unziemlicher Weise lärmende Bäckerjungen ihr Missfallen. Die Hauptsehenswürdigkeit der Stadt, auf welche sie besondere Aufmerksamkeit richten, ist das Rathaus mit seinem Turme. An letzterem sieht man ein altes verdriessliches Gesicht, das ist das Bild des Grutznickels, das man dort — Albinus kennt die Ursache nicht — zum Spotte angebracht hat (der Grutznickel hat seinen Namen von der Grütze bekommen, welche er verkaufte). In das Rathaus selbst führt ein von zwei Seiten zugänglicher Aufstieg, dessen Treppen von Stein sind[3]). An Wochentagen dient der Bau, wie Tafeln anzeigen, als Kaufstätte für die Gewandscherer. Ein abgeschlossener Raum mit einer Bank ist bei Gerichtsverhandlungen der Sitz des Richters und seiner „assessores". Auf den Böden sind Getreidevorräte für den Fall einer Teuerung aufgespeichert. Nachdem sie die innere Stadt durchwandert, treten die Freunde aus einem Thore ins Freie, ruhen im albarium eine zeitlang im Grase aus, umkreisen dann nach Besichtigung des neugebauten Franziskaner-Klosters[4]) die Stadt unter Bewunderung des Grabens und der festen Ringmauern und kehren endlich, nachdem sie noch an die St. Johanneskirche getreten, durch das Nicolaithor nach Hause zurück. —

Der Rektor hat angeordnet, dass alle Schüler pünktlich zur Stelle sein sollen, um den ankommenden Fürsten entgegenzugehen und sie mit Gesang zu begrüssen. Albinus hat anfangs nicht Lust, das Gebot zu befolgen, da es doch nur dem Rektor und seinen collaterales Vorteil bringe, wird aber von Esculus an die Pflicht des Gehorsams erinnert. — Esculus überwindet im Interesse des Studiums seine Lust, vor Fastnacht nach Hause zurückzukehren. —

Albinus tadelt Esculus' Klagen, dass er, während alle Welt sich freue, beständig hinter den Büchern sitzen müsse. — Beide klagen über die Kälte in ihren Wohnungen und in der Kirche. — Bei der Vesper haben, obwohl ein Marienfest war, so viele auf dem Chore gefehlt, dass der Kantor „im höchsten Unwillen den Kopf geschüttelt und seine Augen

---

[1]) Zerstreute Nachrichten über die damaligen lokalen Verhältnisse von Chemnitz im Urkundenbuch der Stadt Chemnitz und ihrer Klöster. Hrsg. v. H. Ermisch, Leipzig 1879 (= Codex diplomaticus Saxoniae regiae, II. Hauptteil, 4. Bd.). S. das Register — und bei A. Mating-Sammler, Stadt und Kloster Chemnitz bis zur Erwerbung durch die Wettiner in: Mitteilungen des Vereins für Chemnitzer Geschichte, IV. Jahrb. für 1882/3, Chemnitz 1884.

[2]) Die alte Markt- oder Jakobikirche.

[3]) Besonders hervorgehoben, weil der übrige Bau, wie die Häuser der Stadt vermutlich überhaupt, von Holz war. Mating-Sammler a. a. O. S. 133 führt auf diesen Umstand drei grosse Brände der Jahre 1334, 1379 und 1395 zurück.

[4]) Vgl. unten Dialog 12.

allen Glanz verloren haben." — Dem Plane ihrer Eltern, dass sie sich dem geistlichen Stande widmen sollen, setzen Albinus und Esculus schwere Bedenken entgegen. —

9) Dem Dialoge gehen Begrüssungsformeln voran. — Albinus hat auf dem Lande eine Hochzeit mitgemacht und ist entsetzt über die ungeschlachten Sitten der Bauern, die über nichts zu sprechen imstande wären, als über Pferde, Kühe. Mist, Ställe, wie viel Eier die Hühner legten, wie fett der Stier sei u. s. w. — Dann klagt er Esculus das Unglück seines Vaters, der in den Bergwerken von Toperlitz sein ganzes Vermögen verloren hat. — Albinus besucht Esculus, welcher ihn zu einem Trunke und einem kleinen Imbiss einladet.

10) Esculus verwirft, Albinus rechtfertigt das Verbot des Lehrers, dass kein Schüler im Sommer zum Bade gehen dürfe. — Trotz seiner vorigen Rede hat Albinus doch an einem verborgenen Orte, wo er unbemerkt geblieben, ein Bad genommen. Nun ist die Reihe an Esculus, dem Freunde Vorstellungen seines Leichtsinns zu machen. — Esculus ist weniger glücklich gewesen. Er hat sich von den „Knappones" seines Hauswirts verleiten lassen, bei der grossen Hitze im Bade Kühlung zu suchen. Da sind plötzlich custodes erschienen, haben ihn aus dem Wasser gezogen und vor den Rektor gebracht. — Johannes de Stortzelbach hat seinen Ungehorsam mit dem Tode gebüsst. Gangolfus Dekorn und Rudolf, der Sohn des Richters, welche mit ihm zusammen gebadet, haben den ohne Zweifel von einem Schlage gerührten Ertrinkenden nicht mehr retten können. Sie sind aus Angst vor der Strafe aus der Stadt entflohen. Der Rektor ist auf die Nachricht von dem Unglücke sogleich zur Leiche geeilt und hat den ungehorsamen Schüler bitter beweint. Nachher soll er den toten Körper noch zum Heile der Seele durch die üblichen Schläge haben büssen lassen[1]. — Ein anderer Schüler ist noch mit knapper Not gerettet worden. Albinus hofft, dass ihm der Unfall eine heilsame Lehre sein werde.

11) Esculus und Albinus scheuen sich vor der bevorstehenden Beichte. Den genauen Termin derselben wissen sie noch nicht, Albinus glaubt. „quando sonus campanarum interdicitur et ligno ad ecclesiam vocamur" (es wird der Charfreitag gemeint sein). Als Beichtvater schlägt Albinus einen dicken Mönch vor, welcher in dem Rufe stehe, ein humaner Mensch zu sein. Mit dem hat es Esculus aber für immer verdorben, weil er einmal ihn und seine Herrn confratres ausgelacht hat. Als Albinus die Beichte abgelegt, erkundigt sich Esculus, wie es ihm ergangen.

12) Esculus ängstigt Albinus durch die Erzählung, dass in einer bestimmten Strasse wiederholt ein Gespenst — ein schwarzer Hund mit feurigen Augen — erschienen wäre und alle Leute in Schreck gejagt habe. Man sage, dass es eine arme büssende Seele sei. Keiner habe den Mut gehabt, sie zu beschwören und nach dem Grunde ihres Erscheinens zu fragen. Es liege in der menschlichen Natur, vor solchen Visionen Grauen

---

[1] Vgl. unten Winmannus, Dialog 15.

zu haben. Besonders am Freitag und Sonntag sollten dieselben häufig sein, von der Dämmerung bis zur Mitternacht, wenn der Hahn krähte und die Mönche zur Mette läuteten. — Esculus hält eine Lobrede auf die Franziskaner, denen vor kurzem am Orte ein Kloster errichtet sei[1]. Es ist ihm unbegreiflich, weshalb der Pastor von St. Johannes und seine Kapläne sich so heftig dem Bau widersetzt haben. Albinus ist der Grund nicht unbekannt, es ist purer Egoismus der Pfarrgeistlichen gewesen, weil sie richtig vorhergesehen haben, dass ihnen von den Mönchen, die bei der Beichte kein Geld nähmen u. s. w., die Leute entzogen und damit die Einnahmen vermindert würden. —

Der Hauswirt des Albinus hat diesem seinen Unwillen über den Kantor ausgedrückt, welcher den Schülern das ihnen zustehende Recht die Psalmen anzustimmen — er solle nur in das registrum sehen, welches der Rektor vom Stadtrat bekommen — entzogen hätte und es durch 2 „scutones"[2]) üben lasse, wenn er nicht gar selbst mit seiner erbärmlichen Stimme hervorträte. Esculus hat von seinem Wirte schon dieselben Klagen gehört. —

Esculus ist schnell aus der Heimat zum Studium zurückgekehrt weil er der Ungebildetheit der Landleute bald überdrüssig gewesen ist. Albinus hat immer gerne zu Hause geweilt — er ist aus Ruppersgrun (Ruppertsgrün), sein Vater heisst Andreas Heune —, bis infolge eines leichtsinnigen Streiches von ihm ein gespanntes Verhältnis zwischen Vater und Sohn eingetreten ist. Albinus hat nämlich an einem schönen Tage, als der Vater ins Feld gegangen, als Wächter zu Hause bleiben sollen, hat es aber hier nicht ausgehalten, sondern ist auch hinausgegangen ins Gebirge. In der Zeit ist ein unglückseliger Bacchant gekommen und hat den schönsten Finken des Vaters gestohlen.

Einer Chemnitzer Erinnerung verdankt seine Entstehung auch das nur wenige Seiten umfassende, aber höchst interessante Dialogbüchlein des Niavis, welches den Titel führt:

Dialogus, in quo litterarum studiosus cum beano quarumvis praeceptionum imperito loquitur.

Wann es aufgezeichnet, wissen wir nicht, da weder die Vor-

---

[1]) Die Stiftung des Franziskanerklosters zu Chemnitz wurde am 14. April 1485 von Papst Innocenz VIII. genehmigt. Die Urkunde im Urkundenbuch der Stadt Chemnitz, S. 446/7. Der Bau des Klosters hatte am Tage Viti (15. Juni) 1481 begonnen. Vgl. A. Sammler, Das Franziscanerkloster in Chemnitz, in: Mitteilungen des Vereins für Chemnitzer Geschichte, I. Jahrbuch für 1873—75. Chemnitz 1876. S. 159.

[2]) Scuto (i. scolaris mendicans) = schutz. Du Cange, Gloss. Suppl. ed. L. Diefenbach, S. 522.

rede, noch einer der Drucke[1]) ein Datum trägt. Veranlassung ist die Verschiedenheit der Unterhaltung gewesen, welche Niavis einmal während seines Chemnitzer Aufenthaltes erst mit dem uns schon bekannten Presbyter Erasmus (dem das Werkchen wieder gewidmet ist), dann mit dem Tuchmacher Bartholomaeus Schweinfart geführt hat. Niavis will zeigen, dass zwischen der Rede eines, der die Sprachgesetze sorgfältig beobachtet, und eines solchen, der seine Gedanken mit Worten ausspricht, wie sie ihm gerade in den Mund kommen, ein Unterschied sei, wie zwischen dem Gebrüll des Stieres und dem Liede der Nachtigall. Der Tendenzdialog besteht aus 3 Gesprächen, welche der redegewandte, auf einer Universität gebildete Florian der Reihe nach mit 3 gleich täppischen Beanen hält, die ihre Weisheit aus irgend welchen Winkelschulen geholt haben. Die Beane sprechen in einem so ergötzlichen lateinischen Kauderwälsch — ähnlich wie es nachmals in den Epistolae obscurorum virorum zu lesen ist —, dass durch eine blosse Inhaltsangabe der Unterredungen der halbe Reiz des Werkes verloren gehen würde, weshalb ich wenigstens das 1. Gespräch vollständig im Wortlaut wiederzugeben mir nicht versagen will.

1) Introducitur bacchans nuncupatus Scoribal, Florinus optimis artibus insudans.

Scor.: Benevenis, Florine! Ille filius pistoris dixit mihi, quod tu venisti, et ego ita curri[2]) de foro, ut pes faciunt mihi awe. Flor.: Gratia tibi pro hac tua in me benevolentia sit atque adeo maxima! Scor.: Pie Florine, venisti iam de alta schola? Flor.: Probe narras, quia disciplinarum nemo virtutumque metitur fastigium. Nec Socrates potuit nec

---

[1]) Hain. No. 11737—11739, verzeichnet 3 Ausgaben, von denen mir die erste vorgelegen hat:

Dyalogus Magistri Pauli Niavis || in qua litterarum studiosus cum beano qua || rumvis praeceptionum imperito loquitur || Bl. 1 b: Paulus Niavis honorando viro Erasmo || presbitero arcium magistro moranti in kem || pnitz domino suo et amico plurimum adamando || Bl. 2a: Dyalogus magistri Pauli Niavis ostendens locucionis || discrimen inter eos quidem qui praecepta aspernantur eloquencie || et qui dicendi praeceptionem summo studio persequuntur. Bl. 6 b, Z. 30: Laus. deo. O. O. u. J., 6 Bll., 33 Zeilen, ohne Signatur, gothische Typen, 4° (U. B. Göttingen, H. u. St. B. München, H. B. Wien).

Der folgende Druck fehlt bei Hain: Dyalogus Magistri Pauli || Niavis inqua litterarum studiosus || cum beano quarumvis precepci || omum imperito loquitur || Bl. 1 b: Paulus Niavis etc. || Bl. 2a: Dyalogus Magistri etc. B. 6 b, Z. 31: Laus. Deo. O. O. u. J. 6 Bll., gothische Typen, 4° (U. B. Leipzig).

[2]) Ich bin an manchen Stellen im Zweifel, ob die groben grammatischen Fehler in der Rede Scoribals eben die Ungebildetheit des tölpelhaften Beanus anzeigen sollen oder aber auf Fehler des recht mangelhaften Druckes zurückzuführen sind. Hier gebe ich die betreffenden Worte wieder, wie ich sie in der Vorlage finde.

Plato apprehendere scientiarum extremum quidem altitudinis terminum. Scor.: Ei, per deum sanctum, tu bene studuisti! Scit nnus ita bene in illa alta schola studere? Flor.: In fonte potior est, si gustare voles, liquoris gustus; cum profluxerit, perdit vires atque alienum recipit saporem. Sic quoque Universitas scaturigo est integrum praestans scientiarum valorem. Scor.: Volo autem, quod oportet unum multum studere, qui vult ita multum scire. Flor.: Laboribus acquiritur summoque animi conatu disciplinarum decus; praeterea tardus et quibusvis torpens in negotiis numquam ad virtutum cacumina pervenerit. Scor.: Et quomodo oportet unum facere, quando in principio vult in illam altam scholam ire? Flor.: Primum inquiras oportuerit Universitatis locum, tum apertis ianuis ut in aliam quaecunque sit domum, sic quoque in illam et tu poteris et tui persimiles introire. Scor.: Oportet unum multam pecuniam habere? Flor.: Victum ut quisque litterarum studiosus habeat vestitumque pro decentia et ut corpus ab intemperie tutetur, necesse est, quod autem praeceptoribus cedit maioribusque nostris, pro laboribus illud erga nos suis reputatur. Scor.: Quando ego haberem decem florenos, possum ego satis habere per unum annum? Flor.: Dum obulus superfuerit decurso anni spatio, sat est. Scor.: Transiunt etiam ad cerevisiam, quando volunt czechare? Flor.: Si quis animadvertit, quamque ex concentu avem cognoscit. Scor.: Hic sumus boni socii: quando nobis placet, transimus ad illum Kuntz Knobloch. Ille libenter propinat bonum cerevisiam, et quando modicum bibimus, tunc venit femina et portat nobis caseum et panem, et quando bibimus per totum diem, tunc unus vix pertzechavit quatuor denarios. Flor.: Disciplinarum studiosi, optimarum artium cultores, graviter quidem ac copiose de assiduitate loquuntur discendi, tu quoque ineptias tuas profers, neque certe illam iam opus esset tam plane manifestare, quandoquidem ex moribus haec tuis cognosci queant. Scor.: Tu non scis, quod ita libenter homines vident, quod ad eos ad cervisiam vadimus! Nam quando non facimus, volunt irasci. Flor.: Nobis sunt praeceptores, eruditissimi viri, qui celsitudinem virtutum acumine rationis nanciscendam esse persuadent, qui lucubrationibus summoque animi conatu sapientiae affirmant thesaurum fore congregandum. Tibi, ut audio, laici de vulgoque pedestriores praecipiunt, et si quisque suo praeceptori, tu certe stulto es persimilis. Scor.: Ei, non putas bonum esse, quod ego laetor cum vicino meo? Flor.: Honestus animus talia abiicit atque aspernatur. Scor.: Pie Florine, quando velles hoc sero cum ire, vellemus ad unum bonum locum ire et laeti esse. Flor.: Quorsum nam iturus es? Enarra! Ego, si quam intelligam nobis utilitatem inde nonnumquam eventuram, sequar, sin minus, me abstrabam. Scor.: Quando cum vadis, tunc vides, quem tibi facio honorem, sed iam non, quando nox erit, tunc debes cum ire et volumus ire ad colum. Flor.: Non satis iam tuum intelligo sermonem, loquere significantius! Quod cum feceris, audies, faciendum mihi fuerit necne. Scor.: Quando famulae domus exlaboraverunt, et tunc in nocte vadunt ad unum domum et solent nere, hoc vocant: ad colum. Et veniunt tunc socii ad causerias suas et accipiunt ad brachias et dant sibi os et palpant ad mamillam. Hoc facit uni ita bene, quam tu non credis Facitis hoc etiam in magna schola vestra? Flor.: Extremam narras dementiam, monstro persimile est, in illis delectari; quod forsitan bene quis foret institutus, ex hac stultitia ita insaniret, ut praeclarum ipse rerum numquam attingeret fastigium. Quid iuvat, tempus frustra conterere, quid prodest, in levitate muliebrique mollitia aetatem atque adeo magnam consumere? Nonne ad stultitiam hoc quidem unum proxime accedit, incumbentibus litteris inhibitum esse mulierum consortium? Crede, Scoribal, crede, inquam, nihil esse discipulis perniciosius, quam femineus aspectus, siquidem ipse ad amorem sese inclinat! Disciplinae deditum decet esse fortem constantemque virum, quem nec mulier futilis nec oblectamenta minus profutura frangunt, sed ea, quae sunt egregia magnificaque et divina, incitant ad res gerendas magnas arduasque et maxime utiles. Expeditne, obsecro, aut tibi aut aliis, ancillulam· quandam amplexari osculisque fatigare ac demum manibus ipsius mamillas obtrectare? Unde postea forsan ita incendere, ut, si velis, prae animi impotentia nullam possis bonarum artium doctrinam complecti. Scor.: Tu semper vis esse sapiens, nos sumus boni socii, quando sic sumus; cum illa amasia apud colum et ipsa net et stuppa cadit in sinu vel super illum pannum, quod habet ante se, tunc facimus stuppam de panno et palpamus interdum ad nudum genu, et ipsa tunc ridit et clamat: „Ei, foss, quomodo facis?" et ita amicabiliter me inspicit, quod corculum mihi benefacit. Flor.: Cuiusmodi pannum narras? Subligaculum forte ostendis puellae? Scor.: Ita. Flor.: Bonus es revera Latinus. Scor.: Ego non scio illud mirabile Latinum, quod tu loqueris. Flor.: Potius est honestiusque amirationem prae se ferat, quam aut ineptias aut puerilem lallationem. Sed ut ad inceptum revertar, quidnam conducit, prorsus in tactu sic oblectari, ut omnem abiicias verecundiam, nihil recti, nihil honesti locum apud te inveniat, propulsa sit omnis verecundia? Cernisne, oro, sic te prostratum parem esse atque aequalem beluis? Homo eris nomine, re quidem nequaquam. Scor.: Illi sartores et sutores etiam sic faciunt, et quando unus non facit, tunc vocant eum austerum. Flor.: De illorum, ut audio, sentina profluxisti, ac ipse quidem inter dissolutiores versari gaudes, ut antea siquidem stultus, tamen postea insanus videaris. Sed edissere, quid dici spatium operaris integrum atque etiam, quibus rebus incumbis? Scor.: De nocte, quando tangit duodecimam, ego vado ad bursam et pono me in lectum et dormio. Cras ego surgo. Quando pulsat ad summam missam, oportet me semper esse in choro et canere, et tunc iterum vado ad scholas, et scutones transeunt pro pane et portant comedere, et quando ego comedi, tunc ego scutonibus resumo, postea vado ad cervisiam et ludo in alea, et est unus socius, qui vocatur Bauczenkeil. Ille transit mecum. Est vere unus bonus socius, libenter sum secum. Tunc pulsant ad vesperas, et oportet nos intrare, et quando vesperae sunt ex, tunc iterum transimus ad cervisiam, et quando venit sero, transimus ad illum colum. Flor.: Bona institutio vitae tuae, si hoc modo, quo narrasti, universum consumis diei tempus! Sed quid iuvenibus, qui mendicando te nutriunt, resumis? Scor:

Casabalia et temporalia. Habeo duos iuvenes, vere habent bonum fundamentum. Flor.: Si stultus ignarum informat datque vivendi praecepta, quis dubitat, quin scientia inde et magna et egregia nascatur? Praeterea nequaquam in hoc ambigo, quin ipsi illi, quos tu informas, pueri et docti evadunt et in viros crescent sapientes. Quando autem tu discipulis laborem impendis? Scor.: Interdum, quando mihi tempus est longum, habeo unam primum partem, qui habet magnam glossam et composita verborum et multos libros in grammatica. Flor.: Ut audio quidem, legis, qui stultiorem te quam ante fueris reddunt. Libri certe sunt te digni! Quot annos, oro, primae partis dogmata hausisti? Scor.: Non diu. Sum adhuc vix viginti sex annorum et sedi in prima parte quindecim annos. Flor.: Num senior es, precor? Scor.: Per deum vivum, non sum senior, solum tres annus misi barbam radere! Flor.: Atque, ut audio, per tonsuram metiaris annos aetatis? Scor.: Mater mea etiam dixit mihi, quod ita iuvenis sum. Flor.: Sed fac me certum, intelligisne primam doctrinalis partem? Scor.: Modicum intelligo, non totum. Vere ego essem bonus scholaris, quando scirem primam partem intelligere. Flor.: Ut ad inceptum regrediar, cur ad Universitatem te non recipis? Scio te esse abundantem parentesque tuos locupletiores. Omnia prompta essent atque parata, quae in Universitate quis modestus desiderare queat. Scor.: Ego ante tres annos volui ire ad illum studium, tunc unus dixit mihi, quando venirem, tunc vexarent ita me multum, quod ego possum flere, et vocarent me semper unum Johannem[1]), et mater mea dicit, quod deberem hic manere. Flor.: Puer es ac stolide egisti, nam quemcunque primum a beanio deponi necesse est, dum in universale studium ingreditur, quod non consuetudo solum, verum etiam statuta quodammodo sanxerunt. Id cum omnibus commune est, quas ob causas tu vehementius quam ceteri perhorrescis? Equidem si eo tunc tempore ad studium te contulisses. vir esses iam ad minus in baccalarium promotus, atque illi etiam, in quibus versaris stultitiae, non haberent in te aliquod imperium. Fac, quaeso, ut diutius non differas ad Universitatem eundi tempus, ne hic dies omnes in sordida bacchantium consuetudine ceu in sentina quadam vitiorum omniumque rerum inopia consumas! Scor.: O Florine, quando hoc velles facere, vere ego vellem esse bonus socius tuus! Flor.: Faciam et profecto libenter. Tu vero quam primum intimabis parentibus tuis praeparaverisque, quantocius poteris. Festinatione quidem opus est, omnisque mora in hac re atque differentia plus quam dicere fas est nociva. Scor.: Cras ego volo ire ad parentes et volo dicere, quod dant mibi pecuniam, et soror mea probus est; scio, quod dat mihi unam camisiam et unam togam. Tunc ego volo tecum vadare ad altam scholam. Flor.: Probe narras. Quod si feceris, propulsabis eam, in qua nunc provolutus iaces, fatuitatem.

---

[1]) Unsere Stelle ist ein neuer Beweis dafür, dass der Name Johannes typisch war für die der depositio sich unterziehenden Beane. Vgl. oben Manuale scholarium, Kap. 1 mit Anmerkung. — Auch in einem Ogdoastichon „De beano" des Laurentius Corvinus, mit dem wir uns gleich zu beschäftigen haben werden, führt der Bean den Namen Johannes.

2) Ein „cantor beanus", namens Cantibal, lädt Florian, der ungern eine Schenke betritt, in seine Wohnung zu einem Glase Bier ein. Florian bewundert dort die vielen musikalischen Instrumente. Cantibal hat zuerst „in hactiludo" gespielt, treibt jetzt aber seine Kunst „super illum quinque". Florian fragt erstaunt, was er mit diesem Namen bezeichnen wolle. „Illum czincken", erwidert Cantibal. Dieses Wort versteht Florian erst recht nicht. Deshalb giebt Cantibal die Erklärung: „Nonne czinck valet quinque? Ita enim dicimus, quando ludimus in alea, et ideo ego illum czinck quinque voco." Florian lacht, das Instrument sei ja ein Horn (cornu), woher der Name „cornicines" komme für die dieses Spieles Beflissenen. Um solche Bezeichnungen pflegt sich Cantibal nicht zu kümmern, „quod illa positiva grammatica non est scientia." Uebrigens brauche ihn Florian deswegen nicht auszulachen, sonst wolle er ihm ein grammatisches „argumentum" aufgeben, das er ebenso wenig zu lösen imstande sein würde, wie ein Baccalaureus, den er gestern beschämt. Florian bricht dieses Thema ab, indem er das Gespräch auf Cantibals auffallende Toilette lenkt, die von weibischer Eitelkeit und Thorheit zeuge. Gekränkt erwidert Cantibal: „Tamen homines dicunt, quando ego sum in choro in crispis crinibus et mitra mea vasea, quod sum unum pulcher socius!" Zum Schluss lockt ihn Florian noch auf folgende Weise in eine Falle: Cantibal hat ihm einen neu erworbenen Finken gezeigt, der ganz wunderschön singe. Florian bemerkt hierauf, er hätte zufällig von einem Bauern gehört, dass ihm ein Vogel gestohlen worden sei, und wirft dabei die Bemerkung hin, wenn nur Cantibal nicht der Dieb sei! Von seinem schlechten Gewissen gepeinigt, verrät sich Cantibal jetzt selbst, indem er versichert: „Der Bauer weiss aber nicht, dass ich ihn gestohlen habe." „Natürlich weiss er es," fällt Florian nun ein, „bringe ihn deshalb nur schleunigst zurück, wenn Du Dich vor schwererer Strafe bewahren willst!" Durch dieses Wort in Angst gejagt gelobt Cantibal, sogleich den Vogel seinem Besitzer wieder zukommen lassen zu wollen.

3) Florian ist zu Gaste bei einem „locatus beanus", Scaninder genannt. Auch dieser trägt eine ungewöhnliche Kleidung, deren Zweck er jedoch auf Befragen mit den Worten auseinandersetzt: „Quando ego per campum vado, tunc oportet me habere ita unum correptam tunicam et productum gladium, et ille straminens pileus bonum est ante solem." Darauf entwickelt sich folgendes interessantes Zwiegespräch über Scaninders Thätigkeit in der Schule: Flor.: „. . . Sed expone! Qui labores tui sunt in scholis? Scan.: Primo oportet iuvenes mihi supra dicere, tunc ego legi registrum et absentes corrigo, et tunc, quando hoc est finis, ego audio in partem Donati et scribo illum parvum Latinum, tunc quando mihi supra dicunt, ego mitto eos domi. Flor.: Quam conducibilis est labor tuus, si tanta eos vigilantia iuvenes respicis! Scan.: Ipsi sciunt illa cusabalia tam bene, quod unum magnum mirabile est. Flor.: Quid si numquam tanto perciperent studio tantoque animi labore casuum temporumque cognitionem? Scan.: Tunc non scirent studere in prima parte. Flor.: Adempta enim et casuum et Alexandri cognitione si bona atque utilia

pueris praeponantur, nihilominus proficiunt. Sed ut tu per universum vitae decursum in his quidem prodiis involutus fueris, putas forsitan atque expetis quemque iuvenum implicari debere? Audi, precor, verbum unum! Quod si recto animo complectere, arbitror profecto, te plane intelligere, quam vehementissime erras proculque sis ab eruditissimorum virorum doctrina. Illi enim suaserunt, ut addiscentibus optima praeponantur, e quibus ipsi postea et similia facilius intelligant atque etiam minora sine duce animo complectantur. Potissimum certe ipsa quidem illa primum discipulis traduntor, quae vim maiorem ad alia condiscenda continent. Scan.: Quando bene sciunt illa casabalia, tunc bene student composita verborum et verba deponentalia et erunt ita bonum scholaris, quod unum mirum est. Flor.: Lupus in omni studiorum disciplina agnellum vocitat, neque profecto umquam tanta ipsis aut dici possunt idiotis aut consuli, ut ineptias suas relinquerent veramque ac profuturam dicendi viam contuerentur. Scan.: Haec est unum simplex schola; putas, quod sit in illa alta schola, in quo tu studisti? Flor.: Probe narras, quippe simplicitas illa non solum ad ignorationem proxime, sed ad fatuitatem insuper accedere videtur, equidem cum praeceptores ipsi nullis sint bonis disciplinis perdocti. Nulla norunt artium dogmata, infantissimos quoque sese loquendo demonstrant. Quo pacto adolescentes scientificos aut doctos efficiunt? Neque revera umquam imperitus omniumque rerum ignarus praecepta dabit aut philosophica aut ad bene beateque vivendum pertinentia. Scan.: Dicunt tamen omnes, quod casabalia sunt fundamentum, ego vero non scio eos melius studere, sed volumus iam bibere et non esse sapientes! Diese letzte Bemerkung bringt den für die gute Sache der neuen Unterrichtsmethode in heiligen Eifer geratenen Florian zu der traurigen Ueberzeugung, dass an Scaninder Hopfen und Malz verloren ist, und er geht deshalb von ihm mit den Worten: „Maneas ergo in hac tua bestiali condicione atque, ut voles, vale!" „Et tu vale!" erwidert Scaninder gelassen.

Endlich schuf Niavis noch ein dem für alle humanistischen Bestrebungen begeisterten Abte des Benediktinerklosters zu Chemnitz, Heinrich von Schleinitz[1]), gewidmetes

„Latinum idioma pro novitiis in religionibus constitutis"[2]).

welches anschauliche Bilder aus dem klösterlichen Leben in sich

---

[1]) Ueber den Abt Heinrich von Schleinitz vgl. H. Ermisch, Geschichte des Benediktinerklosters zu Chemnitz im 15. und 16. Jahrhundert im Archiv für die Sächsische Geschichte, N. F. 5. Bd., Leipzig 1879, S. 198—261, woselbst auch auf unser Idioma eingegangen wird. Vgl. S. 227 ff.

[2]) Hain verzeichnet zwei Ausgaben ohne Ort und Jahr (Nr. 11719 und 11720), von denen sich die zweite jedoch, die als verbesserte angekündigt wird, durch ein Buchdruckerzeichen am Schluss als ein Werk des Martin von Landsberg zu Leipzig kenntlich macht (U. B. Leipzig, St. B. Leipzig, B. M. London, H. u. St. B. München, H. B. Wien).

schliesst, aber wenn auch Schüler darin auftreten, die sich dem Mönchsstande widmen wollen, gleichwohl nicht in den Bereich der eigentlichen Schülergespräche gehört und deshalb mit einer Anführung der Gesprächsthemata von uns abgethan werden kann:

1) Qualiter religionem petens cum Priore loquitur.
2) Quo pacto novitii ceterique fratres scholarem intrare volentem alloquuntur.
3) Quomodo loquuntur, quando primum quem vestire solent.
4) Quomodo loquuntur de cibariis.
5) Quo pacto loquuntur, cum relaxandi animi gratia ad hortos vadunt.
6) Ohne Ueberschrift, Verschiedenes.

Bevor wir Niavis verlassen, erachte ich es für ein Recht der Billigkeit, ein Wort der Anerkennung zu sprechen über seine entschiedene Stellungnahme für die Sache des Humanismus, umsomehr, als ihm bislang noch nicht die gebührende Würdigung in dieser Beziehung zu teil geworden ist[1]). Wir haben nämlich in Niavis einen der ersten Deutschen vor uns, welcher gegen die weitschweifigen und dunklen mittelalterlichen Lehrbücher für einen einfachen praktischen Betrieb des lateinischen Unterrichts aufzutreten den Mut gehabt hat. In dem Ueberblicke, welchen D. Reichling in der Einleitung zu seiner Doctrinale-Ausgabe, S. LXXXIII ff. über den von den Humanisten gegen diese Grammatik geführten Kampf gegeben hat, fehlt sein Name ganz, und doch stammen seine Aeusserungen aus einer Zeit, aus welcher Reichling ausser der „Invectiva in modos significandi" des Alexander Hegius von 1486 kein anderes Zeugnis gegen das Doctrinale oder die Werke seines Geistes aus Deutschland hat anführen können. Und selbst des Hegius Feindschaft galt nicht dem Doctrinale an sich, sondern nur gewissen Kommentaren desselben, hatte er doch selbst kurz vorher zusammen mit dem Fraterherrn Johannes Synthen eine Erklärung zu Alexanders Werk geschrieben. Niavis aber spricht gegen das Doctrinale überhaupt, er will eine gänzlich neue praktische grammatische Unterrichtsmethode. In dieser Gesinnung hat er sogar unter den italienischen Humanisten nur wenig Vorläufer, nächst Laurentius Valla, der in gewohnter Kühnheit überhaupt den ersten Sturm auf das scholastische Lehrbuch gewagt hat, höchstens — wenigstens nach den von Reichling beigebrachten Zeugnissen — Sulpicius Verulanus und Antonius Mancinellus, denn Pylades und Aldus Manutius traten erst um 1500 hervor. Die Hauptstellen

---

[1]) Kurze Hinweise bei Kaemmel a. a. O. S. 286 und 297.

bei Niavis begegneten uns aber in dem „Thesaurus eloquentiae",
der schon vor 1494 vollendet gewesen ist. Man vergleiche
besonders Dialog 9 und 19. Ebenso deutlich ist das eben im
Wortlaut mitgeteilte Gespräch zwischen dem Studenten Florian und
dem Beanus Scoribal, der fünfzehn Jahre über dem 1. Teil des
Doctrinale gesessen hat. Ich bemerke an dieser Stelle noch, dass
Niavis auch durch eine Reihe von Klassiker-Ausgaben seine
humanistischen Bestrebungen bekundet hat. Er edierte Ciceros
Rede Pro M. Marcello[1]) und die erste Catilinarische[2]). Lucians
Charon[3]) und den Dialogus quomodo solus nudus per Acheronta
transvehi potest[4]), sowie einen platonischen Dialog[5]) und Platos
Briefe[6]) in lateinischen Uebersetzungen. Ausserdem hat er den
Philalethes des Mapheus Vegius[7]) und die Reden des Bonacursius
De vera nobilitate[8]) herausgegeben. In der Einleitung zu einer
Geschichte aus dem Haine von Culm[9]) beweist er Bekanntschaft
mit Platos Gastmahl, Timaeus und Republik, mit Ciceros Orator,
Laelius und Cato, mit Petrarca und Leonardus de Aretio u. s. w.
Nach alledem zu glauben, dass die Schriften des Niavis nun auch
durch ein gewähltes klassisches Latein die Früchte seiner humanistischen Studien bekundeten, wäre jedoch ein grosser Irrtum. Es
hat Niavis gegangen, wie den älteren Humanisten überhaupt. Trotz
des lebhaftesten Protestes gegen die „Barbarei" des mittelalterlichen Lateins ist es ihnen selbst noch nicht gelungen, merklich
über dasselbe hinauszukommen, aber es gebührt ihnen wenigstens

---

[1]) Ausgabe o. O. u. J. bei Hain. No. 5146 (K. B. Berlin).
[2]) „   „   „ „   „ „   „   No. 5157.
[3]) „   „   „ „   „ „   „   No. 10270 (H. u. St. B. München,
K. B. Berlin).
[4]) Nicht bei Hain. Dyalogus Luciani philosophi in quo ostenditur
ne minem nisi nudum per acheronta transvehi una cum recommendatione
heremi Francisci petrarche. ‖ Bl. 1ᵇ: Paulus Niavis artium Magister Venerando viro Thome friberger plebano friberge apud sanctum petrum
domino suo et fautori precipuo. ‖ Bl. 2ᵃ: Dyalogus luciani per arispam de ‖
greco in latinum translatus de carone infero rorum [sic!] nauta incipit
feliciter. O. O. u. J., 8 Bll. 4°. Sign. aij-aiiij, gothische Typen (K. B. Berlin).
[5]) Ausgabe unter dem Titel „Liber de philosophia Platonis" o. O. u
J. bei Hain No. 11741 (H. u. St. B. München).
[6]) Ausgabe o. O. u. J. bei Hain No. 13067.
[7]) Ausgabe o. O. u. J. bei Hain No. 15929, nach Copinger, Supplement
to Hain's Rep. Bibl., Part 1, London 1895, S. 480: Lipsiae (K. B. Berlin).
[8]) Ausgabe o. O. u. J. bei Hain No. 3459.
[9]) Historia occisorum in Culm cum aliorum hominum; tum maxime
virginum per Magistrum Paulum Niavem in latinum conversa. Die Schrift
ist Wilhelmo N. de Egra, optimarum artium magistro Canonicoque in

der Ruhm, das Bessere erkannt und gewollt und ihren Nachfolgern in redlicher Arbeit die Wege gebahnt zu haben. Als Probe von dem stilistischen Können des Niavis mögen in dem abgedruckten ersten Gespräche des Dialogus, in quo litterarum studiosus cum beano quarumvis praeceptionum imperito loquitur die Reden des Studenten Florian gelten, dem es trotz all' seiner schönen Versicherungen von reiner Latinität nicht darauf ankommt, gelegentlich einmal ut mit dem Indikativ zu verbinden oder statt des Pronomen personale der dritten Person das Reflexiv zu gebrauchen, ein merkwürdiger Fehler, der uns auch in Zukunft noch eine zeitlang bei unseren Dialogschreibern begegnen wird. Aber auch nur diese sprachlichen Unvollkommenheiten können es gerechtfertigt erscheinen lassen, dass in den „Epistolae obscurorum virorum" der Name des Niavis in einem Zuge mit Alexander, Remigius, Johannes de Garlandia, Cornutus und den Composita verborum genannt wird[1]). Der Vorwurf, den Hieronymus Emser in einem Schreiben an Herzog Johann II. von Sachsen gegen Niavis und seinen Nachfolger Corvinus erhebt, dass ihre „materia, cum sit de rebus humilibus ac plebeiis," nicht würdig wäre, „quae liberis ingeratur auribus"[2]) ist nicht wert, dass wir ein weiteres Wort über ihn verlieren.

Friberga, den Niavis seinen Landsmann nennt, gewidmet. Ausgabe o. O. u. J. bei Hain No. 11740 (K. B. Berlin [defekt!], U. B. Breslau). — Den Inhalt der frischen Erzählung bildet die Entlarvung einer Räuberbande im Haine Culm durch ein unerschrockenes Mädchen. Meisterstücke der Darstellung sind die Berichte, wie die Räuber im Sonntagsstaate die Schönen der Dörfer auf dem Tanzboden an sich locken, und wie einer der Unholde ein in heisser Liebe zu ihm entflammtes Mädchen, das ihn selbst durch Entblössung ihres jungfräulichen Busens nicht zu rühren vermocht hat, unbarmherzig ermordet.

[1]) In einem Briefe des Magister Petrus Hafenmusius an Ortwinus Gratius, in der Böcking'schen Ausgabe (Ulr. Hutteni equitis operum supplementum, Tom. 1, Lipsiae 1864) S. 12.

[2]) Abgedruckt in der „Nachlese von den Schriften des Paul Niavis" a. a. O. S. 42.

3) Andreas Huendern.

Latinum idioma.

Andreas Huendern ist heute so gut wie vergessen. In unseren gangbaren biographischen Nachschlagewerken wird nicht einmal sein Name genannt. Die Nachrichten, welche ich über seine Person beizubringen vermag, beschränken sich auf folgende Notizen: In der Matrikel der Universität Krakau erscheint im Sommersemester 1480 unter den Immatrikulierten Andreas Gregorij Hüudern de wratislavia. — Aus der Nachschrift eines Werkes von ihm über die Kunst des Briefschreibens, welches Hain unter No. 9042 beschreibt, ersehen wir, dass er im September des Jahres 1491 in Erfurt weilte. Die Widmung dieser Schrift gilt „Othoni de Miltz. Ecclesiae maioris Herbipolensis canonico ac ecclesiae parochialis' in Eysleyben pastori acuratissimo, domino et fautori suo observando."- Huendern nennt sich hier Andreas Hundorn Wratislaviensis artium magister. Unser in den Bibliographien vergebens zu suchendes, offenbar nach dem Muster des Niavis zusammengestelltes und 1501 von Konrad Baumgarten ziemlich sorglos gedrucktes „Latinum idioma" besitzt die Königliche und Universitäts-Bibliothek zu Breslau in einem vielleicht einzig erhaltenen Exemplare[1]).

Im Prologe seines Werkes schiebt Huendern die überall hervortretende Unfähigkeit der Schüler, sich richtig lateinisch zu unter-

---

[1]) Cui luna [sic!] Imperium maiestas gloria honesque [sic!] ‖ Nomen et eternum perpetuumque decus Sistere qui fluvios et vertere sidera retro. Firmaque nature rumpere futa potest. ‖ Darunter ein Holzschnitt: Ein Engel hält in den Händen zwei Wappenschilder, von denen das eine leer ist, das andere einen aus schwarzen und weissen Quadraten gebildeten Adler trägt. Impressum Olomucz per me Con radum Baumgarten. Anno domi ni M. cccc ; i. ‖ Bl. 1 b Holzschnitt: Gekrönter Herrscher, in der Hand eine Fahne mit schwarzem Adler haltend etc. Bl. 2ª: Latinum ydeoma Magistri andree hunderu ‖ Prologus in latinum ydeoma. ‖ Bl. 9b Z. 36: Impressum Wratisl. In platea seu ponte fabrorum per Conradum baumgarthen. ‖ 9 Bll. 4º. Sign. Bi, goth. Typen. — Der dritte der Verse zu Anfang nach Vergil, Aeneis IV, 486.

halten, einmal auf die Trägheit und Lässigkeit der Knaben selbst, aber noch mehr auf die falsche Unterrichtsmethode der Lehrer, welche ihre Zöglinge jahrelang mit der Einübung der Casus und Tempora hinhielten und, gleich mit Schlägen bei der Hand, ihnen die ganze Schularbeit verbitterten. Er sieht als echter Humanist das beste Mittel, die Sprache zu erlernen, in praktischer Uebung derselben und hat in diesem Sinne sein Gesprächbuch geschrieben.

1) Schüler erscheinen vor dem Rektor und bitten um Aufnahme in seine Schule. Der erste heisst Bonifacius und ist aus Glogau. Der Ruf von der liebevollen Behandlung der Schüler durch den Rektor hat ihn herbeigelockt. Ein Jugendgespiele von ihm ist schon am Orte. Vordem ist Bonifacius zu Neisse in der Schule Ad St. Jacobum[1]) gewesen. Zuerst haben sie dort einen Lehrer gehabt, der sich als Pariser Magister ausgegeben, jetzt hat die Leitung ein zu Krakau promovierter. Nachdem sich der Rektor überzeugt, dass es Bonifacius wirklich Ernst mit der Wissenschaft ist, macht er ihn auf seine wichtigsten Pflichten aufmerksam, und Bonifacius verspricht, in allem ein folgsamer Schüler zu werden.

Der zweite Ankömmling, wieder namens Bonifacius, aus Brixen gebürtig, hat das letzte Jahr drei Knaben eines Adeligen im Lesen und Schreiben -- mehr haben sie, da sie reich seien, nicht für nötig gehalten -- unterrichtet und sich im übrigen mehr um Kleidung u. s. w. gekümmert, als um die Wissenschaft. In dieser Beziehung muss er dem Rektor vor der Aufnahme gründliche Besserung versprechen.

Ein dritter Schüler ist aus Breslau, er hat Kost und Logis bei einem Verwandten des Vaters gefunden. Die Stelle des Repetenten (resumptor) versieht bei ihm einer von den Lokaten des Rektors.

2) Schüler bitten um Entlassung aus der Schule. Der erste will sich auf Wunsch der Eltern nach Breslau wenden. Bürger aus seiner Heimat, die zum Markte nach dort gehen, werden ihn mitnehmen.

Der zweite soll nach Meissen zu Martinus de Radegast. Er bezahlt dem Rektor seine rückständigen Gebühren, bedankt sich für alle Bemühungen und bekommt noch viele neue Ermahnungen, namentlich vom Meiden schlechter Gesellschaft, mit auf den Weg.

Den dritten, der eben erst in die Schule eingetreten ist und nun schon wieder fort will, erinnert der Rektor an das alte Sprüchwort: „Raro fit hirsutus lapis ad multa loca volutus."

Den vierten ruft die Krankheit der Eltern nach Hause. Er gedenkt jedoch sobald als möglich zurückzukehren.

Der fünfte soll am nächsten Sonntag beim Kirchweihfest in der Heimat sein.

---

[1]) Vgl. über dieselbe A. Kastner, Aus der Geschichte des Pfarrgymnasiums bei der Pfarrkirche zum heiligen Jacobus in Neisse. Gymn. Progr. von Neisse 1865.

Der sechste wünscht, auf vierzehn Tage zur Restaurierung seiner
Kleidung nach Hause gehen zu dürfen.

Der siebente will auf Rat und mit Unterstützung eines geistlichen
Vetters die Universität Krakau beziehen.

3) Das Kapitel enthält Formeln:
a) wie man Lehrer, Baccalauren, Freunde und Bekannte begrüsst,
b) wie man sich von ihnen verabschiedet,
c) wie man dem Lehrer oder Baccalaureus von Eltern oder
Freunden Grüsse überbringt,
d) wie man dieselben bei sich empfängt,
e) wie man sie zur Mahlzeit oder zum Frühstück u. s. w. einladet,
f) wie man ihnen Geschenke von den Eltern überreicht,
g) wie man bei allen möglichen Anlässen Erlaubnis erbittet, aus der
Schule bleiben zu dürfen. (Vielleicht bemerkenswert: Optime baccalaurie,
iussit magister meus, ut hodie secum ad Trebenicz[1]) vadam ad dedicationis
ibidem indulgentias promerendum; quare oro, ut id consensu vestro faciam"
oder „Honeste baccalaurie, libertatem mihi detis, precor, ut crastina luce
visitem cum parentibus meis lumina beatae Mariae virginis in proximo
nemore, quod gallorum dicunt.")
h) wie man dem Lehrer Bier überreicht, das man für ihn geholt.
4) Peter erwartet zum Frühstück von der Mutter frisch gebackene
Torte. Johannes lässt sich vom Custos für 1 Obulus Weissbrot holen.
Sie wetten um 1 Denar, wer zuerst seinen Teil bekommt. Peter gewinnt,
der Custos kommt zu spät und dazu noch mit leeren Händen, weshalb
ihm Johannes den Botenlohn versagt. Johannes hat den Denar verloren,
hat aber von einer früheren Wette bei Peter noch einen zu gute, so dass
sie nun ausgeglichen sind.

Der Rektor verteilt am Samstag nach der Vesper die wöchentlichen
Geschäfte, denen sich immer bestimmte von den Schülern zu unterziehen
haben, in folgender Weise: „Custodium virgarum Joanni de Nissa in futurum
committo, officium praeparandi virgas obsigno Andree Zzymmerman et
Alexandro Eschken sociis, custodium[2]) librorum cantalium habebunt Ipolitus
Bombergk et Bartholomeus Wilhelm. Ad primum chorum praesignatorem
constituo Martinum Fideler, in secundo praenuntiet versus cantandos
Balthazar Zcegk. Collectarium futurae hebdomadae eligo Bonifacium
Womrode, collectam in futurum leget Johannes Schroter." —

Arnolph, welcher kein Frühstück hat mitnehmen können, weil die
Mutter, als er aufstand, schon ausgegangen war, bettelt Alex um die
Hälfte des seinen an, indem er auf frühere ihm erwiesene Wohlthaten ver-
weist. An solche kann sich Alex jedoch nicht erinnern, und es entspinnt

---

[1]) Nach dem von Herzog Heinrich I. und St. Hedwig gegründeten,
1203—1219 erbauten Cisterzienserkloster zu Trebnitz findet jedes Jahr, besonders am Namenstage der Gründerin, eine grosse Wallfahrt aus Schlesien
und Polen statt. Vgl. C. J. Böttcher, Germania sacra. Lpz. 1874, S. 132.

[2]) Im Text fälschlich: custodes.

sich nun zwischen den beiden folgendes, mit grosser Naturwahrheit ausgeführtes Wortgefecht: Arn.: Ich weiss nicht, wie Du das leugnen kannst! Wenn Johannes Hartmann hier wäre, der würde Dir ins Gesicht bezeugen können, dass Du neulich die Hälfte meines Frühstücks bekommen hast. Alex.: Ja, das ist gerade so ein Kerl wie Du! Arn.: Der Custos hat mir mitgeteilt, dass Du ein grosses Vergehen gegen den Baccalaureus ausgeübt hättest, er soll Dich anzeigen, wenn Du mir nicht wenigstens einen Mund voll mitgiebst. Al.: Was Du auch gegen mich ausdenken magst, es wird Dir nichts helfen, und der Baccalaureus wird auch gar nicht glauben, was Du sagst, weil er die List durchschauen wird. Ich könnte eher zu ihm gehen und ihm alles anzeigen. Arn.: Du wirst noch bereuen, dass Du so hartnäckig gewesen bist, ich werde es Dir ein ganzes Jahr nicht vergessen, wenn ich am Leben bleibe. Und ich will den Custos nach Hause schicken, der wird mir noch etwas viel Schöneres holen, und Du sollst nichts mitbekommen, und wenn Du davon stürbest. Al.: Du kannst lange warten, bis ich Dich um etwas bitte. Arn.: Siehst Du nicht, wie feines Brot und Wildpret mir der Custos gebracht hat? Dein Fleisch ist ranzig und das Brot schimmelig, und ich würde überhaupt garnichts davon gegessen haben, wenn Du mir auch die ganze Portion angeboten hättest. Hier Nicodemus, der mir gestern von seinem Fleisch mitgeteilt hat, der soll was von mir wieder bekommen. Nic.: Wir wollen zusammen essen, lieber Arnolph, und Alex zusehen lassen, sieh' mal, wie schmutzige Hände er hat, er hat sich in drei Tagen nicht gewaschen. Al.: Und Dir fliesst was aus der Nase; wenn Dich keiner nötigt, putzt Du sie Dir nie! Arn.: Wenn Du nicht bald ruhig bist und uns in Frieden lässt, zeige ich Dich beim Custos an, dass Du Prügel bekommst. Al.: Dann bekommt Ihr auch welche. Nic.: Scher' Dich nun weg, oder ich komme Dir! . . . Auf diese Drohung hin geht Alex fort, und Arnolph und Nicodemus verzehren in Ruhe ihr gemeinsames Mahl, bis der Kirchendiener kommt und sie zum Chore ruft, wo sie eine Votivmesse für ein Brautpaar zu singen haben.

Der fleissige Franz fordert den trägen Dominicus auf, mit ihm die Lektion zu repetieren. Dominicus verspürt natürlich wenig Lust; er glaubt, der Lehrer würde geschäftlich verhindert sein, zu examinieren. Franz macht ihm jedoch klar, dass in diesem Falle einer der Baccalaureu, die noch strenger wären, die Prüfung abhalten würde. Auch Dominicus' Hoffnung, dass ihnen vielleicht ein „balneum animarum" zugestanden werden würde, ist eitel, weil die Schüler erst am Tage vorher gemeinsam gebadet haben. Dominicus weiss überhaupt garnicht, worüber examiniert werden soll, in seinem Hefte fehlen ganze Lektionen. Franz giebt sich in seiner Gutmütigkeit dazu her, ihm beim schnellen Abschreiben des Pensums behilflich zu sein. Wenn er nicht fertig würde bis zum Beginn der Schule, bittet Dominicus, ihm vorzusagen oder das Buch so zur Seite zu legen, dass er ablesen kann. —

Heinrich, der die Schläge, welche er in der Schule bekommen, gleich wieder vergessen hat, lädt Johannes und Liborius zum Kugelspiel ein.

Jeder der Spielenden setzt zwei Kugeln. Ueber die Art des Spieles[1]) müssen wir uns nach folgenden Bemerkungen der Knaben eine Vorstellung zu machen suchen. Henr.: Hic nobis metam eiiciendi statuo, notabis hanc foveam! Lib.: Videmus, si quis nostrum primus erit! Ioan.: A primo pari ad metam iaciamus, proximus metae primus sit Henr.: Vide, quam propinquus sim! Nolo me repellas ictu tuo. Lib.: Ego postremus sum. Iacias ergo, Ioannes![2]) Ioan.: Ego postremum par occupabo, ecce alterum tetigi. Lib.: Perge neque omnes tanges. Ioan.: Hic ego in fovea tutus sum, hinc medium par caedam. Henr.: Statim ad te veniam teque ex fovea pellam. Lib: Nunc quisquo par suum redemit, fraterne lusimus!—
Martin lädt Nikolaus nach dem Essen zum Kreiseltreiben auf dem Kirchhof ein. Nikolaus muss vorher noch das Evangelium abschreiben. Martin wird durch die Bemerkung erinnert, dass er diese Arbeit auch versäumt hat. Sie schreiben nun zusammen um die Wette. Martin siegt. Dann geht's zum Spiele. Der Kreisel wird mit einer Geissel getrieben, es handelt sich darum, ihn möglichst lange in Bewegung zu halten. Der Preis des Spieles ist ein Kreisel. Martin wird auch hier vom Glücke begünstigt. Währenddessen gesellt sich Konrad zu ihnen, welcher einen Kreisel dreimal um die Kirche getrieben, ohne dass er gefallen. Nikolaus möchte das Wunderding kaufen, will jedoch die geforderten 2 nummi nicht zahlen. Er bietet 1 nummus und eine Aalhaut (die man auch als Geissel gebrauchte). Sie einigen sich schliesslich auf 1 nummus und einen Bücherdeckel.

In einem Nachwort fordert Huendern zum fleissigen Gebrauche seines Werkes auf. Er hat sich auf die wenigen Gespräche beschränkt, weil er andere Themata der Unterhaltung zu Musterbeispielen nicht für tauglich gehalten hat.

An welcher Schule die meistens recht frischen und lebendigen Gespräche spielen, ist aus denselben leider nicht zu ermitteln. Ersichtlich ist nur, dass es eine schlesische gewesen sein muss und dass dieselbe nicht allzuweit entfernt gelegen von Trebnitz, da hierhin im 3. Kapitel ein Schüler mit seinem Lehrer zu pilgern gedenkt. Ausgeschlossen unter den schlesischen Städten scheinen mir Breslau und Neisse zu sein, da im zweiten Gespräch ein Schüler vom Ort aus nach Breslau sich wenden will und im ersten ein Neuling von Neisse kommt. — Was Huenderns Latein betrifft, so erhebt sich dasselbe noch keineswegs über das seines Vorgängers Niavis. Unter den beständig wiederkehrenden grammatischen Schnitzern ist auch bei ihm das Reflexiv statt des persönlichen Pronomens der dritten Person.

---

[1]) Vgl. oben Niavis, Idioma pro parvulis, Kap. 5.
[2]) Im Text ist der Satz „Iacias ergo, Joannes!" fälschlich Johannes zugeteilt und der folgende „Ego postremum etc." Heinrich.

4) Laurentius Corvinus.

Latinum idioma.

Laurentius Corvinus, mit deutschem Namen Lorenz Rabe[1]), führt uns nach Breslau, in dessen Nachbarstadt Neumarkt er um 1465 geboren war. Wir haben in dem bescheidenen, anspruchslosen Manne einen der erfolgreichsten Bahnbrecher des Humanismus in Schlesien zu begrüssen. Im Sommersemester 1484 in Krakau immatrikuliert, wurde er hier im September 1486 Baccalaureus, im Wintersemester 1488/89 Magister der Philosophie und trat als solcher an derselben Universität auch lehrend auf, anfangs in den alten scholastischen Bahnen wandelnd, aber schon bald, namentlich durch Konrad Celtes, der 1489 in Krakau erschien, angeregt, in humanistischem Sinne. Im Winter 1493/94 können wir ihn noch in Krakau nachweisen, 1496 erscheint er als Lehrer in Schweidnitz, 1499 in Breslau und zwar hier als Rektor der Pfarrschule zu St. Elisabeth. In dieser Stellung schrieb er das 1503 im Druck erschienene Latinum idioma, nachdem er im vorhergehenden Jahre schon durch seinen „Hortulus elegantiarum", in welchem er schlechten lateinischen Sätzen, wie er sie täglich las oder hörte, eine gute, meist aus den Briefen Ciceros genommene Fassung gegenüberstellte, deutlich seine humanistischen Bestrebungen bekundet hatte. Aus dem späteren Leben des Corvinus bemerke ich noch, dass er im Sommer 1503 sein Lehramt mit der Stelle eines Stadtschreibers von Breslau vertauschte und damit ein Kollege des bekannten ersten Schreibers Gregorius Morenberg wurde, welcher sich grosse Verdienste um die Errichtung der Universität Breslau erworben hat. 1506 siedelt Corvinus als Schreiber nach Thorn über, erscheint aber schon 1508 wieder in Breslau, wo er auch, in seinen letzten Lebensjahren eifrig für die Sache der Reformation thätig, am 21. Juli 1527 gestorben ist.

---

[1]) Ich entnehme die nachfolgenden biographischen Notizen dem ausführlichen Aufsatze von Dr. Gustav Bauch, Laurentius Corvinus, der Breslauer Stadtschreiber und Humanist. Sein Leben und seine Schriften, in der Zeitschrift des Vereins für Geschichte und Altertum Schlesiens, 17. Bd. Breslau 1883, S. 230—302.

Das Idioma erschien, wie erwähnt, im Jahre 1503 und erlebte bis 1523 über 25 Auflagen[1]). Vorangeschickt ist folgendes in 5 Distichen den Nutzen des Büchleins verkündendes Geleitgedicht:

> Hic puer ignarus linguae cupidusque Latinae
> Perlegat eloquii semina prima sui!
> Ad decus exculti verum sermonis iturus
> Est opus assuescat verba Latina loqui;
> Nam tenero quales didicit quis gutture voces,
> Annoso tales edit ab ore sonos.
> Vimine quae recto surgens adoleverit arbos,
> Erectum tollit pulchra sub astra caput:
> Florida sic aetas lepidis imbuta loquelis
> Fatur mellifluis verba diserta modis.

In dem Werkchen sind acht Gespräche folgenden Inhalts vereinigt:

1) Paulinus bringt Euryalus die frohe Nachricht, dass die Schule ausfallen solle. Pamphilus, der bei dem Rektor verkehrt, hat es ihm ge-

---

[1]) Ausgaben:
1) IN nomine Domini. A.! Latinum ydeoma Magistri Laurentlj Corvini Novoforen. |Folgen 5 Distichen: Hic puer ignarus etc. Darunter Vignette: Engel, der zwei Wappenschilder hält, das links vom Beschauer mit dem Brustbild einer Heiligen, das rechts mit einem W]. Bl. 1 b: Latinum ydeoma Magistri Laurentij Corvi ni Novoforensis. et loquuntur imprimis scola res de libertate' eis danda. Bl. 12 a | Impressum Vvratisl. per me Conradum baumgartheu de Roten burga Anno Domini M. cccc. iij. ... Darunter das Druckerzeichen Baumgartens. 12 Bll. 4°, ohne Custoden, gothische Typen (U. B. Leipzig).
2) Leipzig. Melchior Lotter, 1505 (U. B. Breslau, U. B. Halle, H. B. Wien, Herz. B. Wolffenbüttel).
3) Leipzig, Melchior Lotter, 1506 (U. B. Erlangen, H. u. St. B. München).
4) Leipzig, Melchior Lotter, 1507 (U. B. Breslau).
5) Leipzig, Jakob Tanner, 1507 (H. u. St. B. München).
6) Leipzig, Melchior Lotter, 1508 (H. u. St. B. München).
7) Köln, Martin von Werden, 1508 (Stift B. St. Gallen).
8) Nürnberg, Johannes Weissenburger, 1508 (H. u. St. B. München).
9) Leipzig, Melchior Lotter, 1509 (U. B. Breslau).
10) Nürnberg, Hieronymus Hoelzel, 1509 (H. u. St. B. München).
11) Leipzig, Melchior Lotter, 1510 (U. B. Freiburg).
12) Köln, Martin von Werden, 1510 (Herz. B. Gotha, U. B. Heidelberg, U. B. Jena).
13) Leipzig, Jakob Tanner, 1511 (U. B. Breslau, U. B. Rostock, U. B. Würzburg).
14) Leipzig, Melchior Lotter, 1512 (U. B. Halle).

sagt und dabei bemerkt, der Rektor habe ihm verboten, etwas zu verraten. Aus diesem Grunde glaubt Paulinus dem Gerücht. Die Schüler benutzen die ihnen wirklich zuteil gewordene Freiheit zum Kugelspiel. Petronius gesellt sich zu ihnen, fängt aber Streit an und wagt es sogar. Euryalus zu schlagen. Dieser will ihn dafür beim Baccalaureus anzeigen.
2) Euryalus kommt weinend zum Baccalaureus und erzählt, was vorgefallen. Paulinus ist Zeuge. Der Baccalaureus befiehlt dem Knaben, der Custos ist, Petronius herbeizuholen; er wohne am Fleischmarkte, wo man zur Oder-Strasse gehe. Petronius leugnet hartnäckig. Das Zeugnis des Paulinus erkennt er nicht an, weil dieser mit ihm verfeindet sei. Als aber auch ein anderer herbeigerufener Knabe, Nisus, welcher den Vorfall mit angesehen, gegen ihn zeugt, lässt der Baccalaureus vom Custos die Ruten holen und zwar recht biegsame, und Petronius hilft sein Flehen um Verzeihung nichts mehr.

3) Die Brüder Julianus und Marcellus, die im Kugelspiel auf dem Kirchhof alle Kugeln verloren haben und dazu von Hunger und Durst geplagt werden, bitten den Baccalaureus, nach Hause gehen zu dürfen. Sie erhalten Erlaubnis, sollen aber möglichst bald zurückkehren. Unterwegs befürchten sie, dass die Mutter ausgegangen sein möchte. Doch Julianus fällt ein, dass Schwester Anna auch einen Schlüssel zur Vorratskammer und zum Weinkeller habe. Marcellus vermutet, dass die auch fort sein würde, um Rindfleisch zu kaufen. Im Notfall will Julianus mit dem Messer einen Schrank öffnen, in dem sie wenigstens Brot und Käse und

15) Leipzig, Melchior Lotter, 1513 (K. B. Berlin).
16) Wien, Hieronymus Victor u. Johannes Singrenius, 1513 (cfr. Denis, Wiens Buchdruckergeschichte, 86).
17) Augsburg 1513 (U. B. München).
18) Augsburg 1514 (U. B. Heidelberg).
19) s. l. 1514 (K. B. Stuttgart).
20) Nürnberg, Johannes Gutknecht, 1518 (U. B. Freiburg).
21) Augsburg, Johannes Miller. 1519 (Panzer, Annal. typ. VI, 153 No. 1441.
22) Constanz 1520 (U. B. Freiburg).
23) Augsburg, Silvanus Otmar, 1521 (U. B. München).
24) Leipzig, Melchior Lotter. 1521 (Panzer, VII, 217, No. 791).
25) Leipzig 1523 (Herz. B. Wolffenbüttel).
26) Hagenau o. J. (U. B. Freiburg).
27) Landshut o. J. (H. u. St. B. München).
28) Leipzig. Melchior Lotter, o. J. (U. B. Breslau).
29) Mainz, Friedrich Heumann o. J. (Auf dem Titelblatt an Stelle der Distichen das Bild des hl. Martinus, wie er seinen Mantel zerteilt und einem Armen die Hälfte reicht (H. u. St. B. München).
30) Speier. Konrad Hist, o. J. (H. u. St. B. München, Walewskische. B. Krakau).
31) Strassburg, Mathias Hupfuff, o. J. (Stift B. St. Gallen).
32) Tübingen o. J. (H. u. St. B. München, Herz. B. Wolffenbüttel).
33) O. O. u. J. (U. B. Breslau, K. B. Stuttgart).

einen dünnen Trank finden würden. Doch alle Sorge ist unnötig, sie sehen schon von weitem ihr Schwesterchen auf der Schwelle und bald auch die Mutter.

4) Der Rektor erkundigt sich beim Baccalaureus nach dem Schüler Lentulus, dessen Vater, der Metzger, mit ihm seit Jahren befreundet ist und ihn gebeten hat, beim Baccalaureus, der einen besonderen Lohn erhalten sollte, ein gutes Wort für seinen Sohn zu sprechen. Der Baccalaureus muss berichten, dass Lentulus, wie so häufig, zur „Deklination" wieder garnicht erschienen wäre und wohl noch im Bett liegen würde. Alle Mühe, die er sich mit ihm gäbe, sei verloren, da die Mutter ihr Söhnchen verwöhne und es nie vor Sonnenaufgang aufstehen lasse. „Es ist ein alter Fehler," bemerkt der Rektor ernst, „und er findet sich nicht nur hier in Breslau, dass gut beanlagte Knaben oft infolge der Schmeicheleien der Mütter für die Wissenschaft verloren gehen." Er schickt Paulinus ab, dass er sich beim Vater des Lentulus erkundige, weshalb der Sohn nicht zur Schule gekommen. Paulinus eilt weg und klopft so ungestüm an die Hausthür des Lentulus, dass die Magd darüber empört wird. Paulinus trägt ihr sein Anliegen vor. Sie erwidert, Lentulus' Vater sei fort, um einen Ochsen zu schlachten, die Mutter sei in der Elisabeth-Kirche, Lentulus schlafe noch wie gewöhnlich. Paulinus fliegt die Treppe hinauf und meldet Lentulus hastig, dass er zum Rektor kommen sollte. Lentulus springt erschrocken auf, zieht sich mit Paulinus' Hilfe eilig an und folgt diesem zur Schule, wo er mit einer gehörigen Strafpredigt empfangen wird, nach welcher er zerknirscht energische Besserung gelobt. Er nimmt sich die Mahnung des Rektors zu Herzen, dass nicht der Reichtum der Eltern, sondern nur Tugend und Wissen einem jungen Manne wahre Ehre bringen könne.

5) Pamphilus eilt zum Markte, um sich für zwei Obolen, die er geschenkt bekommen, Weissbrot und Butter zu kaufen. Cyrillus, der drei Obolen hat, schliesst sich ihm an, und sie kommen überein, gemeinsam für ihr Geld Einkäufe zu machen. Des Cyrillus Vorschlag, Nüsse oder Neumarkter Trauben zu kaufen, missfällt Pamphilus, er bleibt bei Butter und Käse, und Cyrillus muss sich fügen. Beim Butterkauf betrügt dieser eine alte Frau, die nicht gut sehen kann, um einen Obolus und erhält dafür von Pamphilus ein besonderes Lob. Zu dem Weissbrot kaufen sie, da Pamphilus in seiner Börse einen ternarius entdeckt, noch frischgebackenen Kuchen, dessen Geruch ihre Nase schon lange gekitzelt hat.

6) Paulinus ist ein Buch abhanden gekommen, und er vermag keinen des Diebstahls Schuldigen zu entdecken. Selbst eine Untersuchung vor dem Baccalaureus bringt kein Licht in die Sache. Nachher belügen Paulinus und Petronius den Custos und Baccalaureus, um zum Garten gehen zu können und sich Obst aufzulesen, das beim Sturm in der Nacht in Menge abgeweht ist.

7) Der Kantor, dem seine Sänger schon oft in der Kirche Schande gemacht haben, veranstaltet auf Wunsch und in Gegenwart des Rektors

eine Probe und zwar mit neuen Antiphonen und Responsorien statt des abgedroschenen einen üblichen Liedes. Mopsus soll Tenor singen, Euryalus Diskant, Amyntas Bass. Mopsus hat allein zu beginnen, aber seine Stimme gleicht dem Brüllen eines Ochsen. Amyntas hält seine Pause nicht ein, dazu brummt der Zwanzigjährige derartig rauh in den Bart, dass keiner ihn verstehen kann. Für ihn muss Davus singen, während an Mopsus' Stelle Corydon treten soll. Doch dessen Stimme hört sich an wie die einer Ziege, sofort muss er Dametas Platz machen. Dametas kennt das Lied überhaupt nicht, er hat eine Zeitlang gefehlt. Auch Meliboeus kann nichts. Da reisst dem Kantor die Geduld, und er schickt den Custos ab, dass er frische saftige Ruten hole, für einen Obolus. So ist die ganze Probe umsonst.

8) Paulinus verspricht Entellus 2 Obolen, wenn er ihn mit zu ihrem Garten gehen lasse. Einstweilen giebt er ein kostbares Buch als Pfand, dasselbe enthalte den 1. und 4. Traktat des Petrus Hispanus[1]) textualiter, schön mit feiner Feder und pechschwarzer Tinte geschrieben, ferner den Cato moralis und endlich noch einen Traktat über die Nomina und Verba, welchen der Lehrer den Winter über aus Priscian zusammengestellt hätte. Entellus befürchtet, dass die Mutter, welche im Garten sei, unwillig sein würde, wenn er Paulinus mitbrächte. Deshalb muss sich dieser stellen, als käme er von ungefähr vorbei. Die List gelingt, und Paulinus kann alle Sehenswürdigkeiten des Gartens, alle seltenen Bäume, Pflanzen und Anlagen nicht genug bewundern, sodass es ihm schwer wird, sich von der Stelle zu trennen, als die Mutter nach Hause muss.

Angehängt sind zwei Kapitel mit blossen Formeln:

1) Scholaris sie petat introitum scholarum (fünf verschiedene Fassungen),

2) Scholaris recessurus sie petat favorem abeundi (sechs Fassungen).

Wir sind wohl zu der Annahme berechtigt, dass für diese kleinen hübschen Genrebildchen zunächst Corvinus' eigene Schüler Modell gesessen haben, und dass es also die Verhältnisse der St. Elisabeth-Schule[2]) sind, mit denen wir bekannt gemacht werden. Die Knaben sind stellenweise voll jugendlichen Leichtsinns, der sie ohne Bedenken lügen und betrügen lässt. — Von der Beliebtheit des Corvinschen Büchleins legt die stattliche Zahl der Ausgaben das beredteste Zeugnis ab. Ein ausdrückliches Zeugnis von seinem

---

[1]) Ueber die Parva logicalia des Petrus Hispanus hatte Corvinus im Wintersemester 1489/90 in Krakau Vorlesungen gehalten. Vgl. Bauch u. a. O. S. 235.

[2]) Zur Geschichte dieser im Jahre 1293 gegründeten drittältesten Schule Breslaus vgl. S. G. Reiche, Geschichte des Gymnasiums zu St. Elisabeth, Erste Periode, von der Errichtung der Elisabethschule bis zu deren Erhebung zu einem Gymnasium, 1293—1562 (Progr. des Elisabethanischen Gymn. zu Breslau 1843).

Texte und Forschungen zur Geschichte d. Erziehung u. d. Unterrichts I. 5

Gebrauche haben wir in der „Memminger Schulordnung um das
Jahr 1513", wo es im 5. Artikel heisst[1]): .... In der stund
macht der ander locat in der leczyen doctrinale genant ain biechlin,
dar in gibt man red um widerred, genant latinum ydeoma
Corvinj. Da miessend die knaben ainen tail in exsponieren." —
In den Epistolae obscurorum virorum schreibt Cornelius Fenestrificis
in Mainz an Ortwin Gratius, dass er jetzt „metra" und „dictamina"
zu verfertigen verstände, weil er das neue Idioma des Magisters
Laurentius Corvinus und die Grammatik des Brassicanus und
Valerius Maximus und andere Dichter gelesen[2]). — Erwähnt sei
noch, dass unter den grammatischen Sünden des Corvinus das
bewusste „sibi" statt „ei" u. s. w. wiederkehrt.

[1]) Abgedruckt bei J. Müller, Schulordnungen, S. 184.
[2]) In der Böckingschen Ausgabe a. a. O. S. 18.

5) Collocutiones duorum puerorum de rebus puerilibus ad invicem loquentium.

Als Anhang zu einer aus den ersten Jahren des 16. Jahrhunderts stammenden, von dem Zwoller Rektor Hermann Torrentinus, dem bekannten Kommentator des Doctrinale, besorgten erklärenden Ausgabe von Hymnen und Sequenzen[1]) erscheint unter dem oben genannten Titel ein kurzer drastischer Dialog zwischen den Schulknaben Syriscus und Petrellus. Wir besitzen in demselben das erste — wenigstens mir bekannte — vollständig durchgeführte Gespräch eines Humanisten, das neben dem lateinischen Texte eine deutsche Uebersetzung aufweist. Wegen dieses doppelten Interesses gebe ich das Gespräch, zumal es kaum zwei Seiten umfasst, im vollständigen Wortlaute wieder.

Syriscus, Petrellus.

Syr.: Unde venis, Petrelle?
Petr.: E templo, Syrisce.
Syr.: Quid illic fecisti?
Petr.: Turbinem circumegi.
Syr.: Hoc facere in templo minime decet.
Petr.: Id ipsum nunc vapulando didici.
Syr.: Quo pacto?
Petr.: Nam alter ex aedituis me ludentem offendit et apprehensum ita pugnis pulsavit, ut vix ingredi queam.
Syr.: Id mihi memorari quam monstrari malim.

Peterken, wan comstu?
Uut die kerke.
Wat hebstu daer ghedaen?
Ich heb den bat [Kreisel] ghedreven.
Dat en beteemt niet datment in die kerke doe.
Dat heb ic nu oeck mit slage gheleert.

Hoe ghine dat toe?
Die een van den keremesters vant my spelen ende heeft my soe myt vusten geslaghen, dat ic nauwe ghaen en kan.
Dat hoer ic liever seggen, dan ict my laet wysen.

---
[1]) Hymni et sequentie cum diligenti diffi'ciliorum vocabulorum interpretatione om nibus et scholasticis et ecclesiasticis || cognitu necessaria Hermanni Torrentini de omnibus pu'ritatis lingue latine studi'[osis quam optime meriti Bl. 51*. Z. 7: Sequuntur collocutiones duorum puerum [sic!] etc., 52 Bll. 4°. goth. Typen, Sign. aIij — klIj.O. Ort und Jahr, aber wohl kurz nach 1500 (K. B. Haag).

Petr.: Credo equidem.	Dat gelove ic sekerlic wel.
Syr.: Nihil mihi aliud novi aufers e templo?	Brendy ons anders nyet nywes uut der kerken?
Petr.: Morio noster Heyno in sacrario fecit oletum.	Heyn, onse dwaes¹), heeft in die sacristij ghedreten.
Syr.: Id nasus resciscat tuus.	Dat moet u noese weten.
Petr.: Ludamus nunc iuglandibus in scrobem²)!	Laet ons nu myt walnoeten spelen in der kulen!
Syr.: Ubi has iuglandes nactus es?	Waer hebstu die noeten gecreghen?
Petr.: Emi.	Ic heb se gecoeft.
Syr.: Quanti?	Hoe duyr?
Petr.: Tribus placcis aut paulo minoris.	Om drie placken³) of een wenich min.
Syr.: Habuistine tantum pecuniae?	Haddi soe veel gelts?
Petr.: Non, verum oppigneravi pugillares meos.	Neen, mer ic heb myn scrijftafel te pande gheset.
Syr.: Utinam id sciret pater tuus!	Och of u vader dat wiste!
Petr.: Cur id optas?	Waerom wonsschi dat?
Syr.: Si resciret, ipse redimeret.	Vernam hy dat, hy solde se verlossen.
Petr: Id mihi male verteret.	Dat solde my qualic bekomen.
Syr.: Qui? dic, sodes!	Secht, woe soe?
Petr.: Nam pelle poenas penderem.	Ic solt mitten velle betalen.
Syr.: Quid tum? Crassi pellis es, floccifacis verbera.	Wats dan? Gy sijt soe dickhudich, ghy en past op gheen slaghe.
Petr.: Non magni curo, sed nunc pergamus ludere!	Ick en maeck daer gheen groet verck van, mer laet ons voert spelen!
Syr.: Non libet.	Ten lust my niet.
Petr.: Quid tum libet?	Wat lust u dan?
Syr.: Crustulum cum butiro.	En brug of een stuck broets myt botter.
Petr.: Esuris semper?	Heb dy altijt honger?
Syr.: Nihil hodie ientaculi sumpsi et parce meridiatus sum.	Ick en heb huden niet onbeten ende te middaghe wenich geten.
Petr.: Non ergo mirum, si crustum optas pro vesperna.	Soe en ist oec gheen wonder, dattu een stucff broets begheerts voor dijn vespereten off voer dijn vesper.

---

¹) Dwâs = Thor, Narr; vgl. K. Schiller u. A. Lübben, Mittelniederdeutsches Wörterbuch, 1. Bd., Bremen 1875, S. 610.

²) Wir werden später Beschreibungen dieses Spieles treffen.

³) Placke = eine kleine (flämische) Münze, numinus varii apud varios valoris; Lovaniensibus tertia pars stuferi (Stübers), Flandris stuferus est etc. Schiller-Lübben, a. a. O Bd. 3, S. 334.

Syr.: At ego in cena omnia compensabo.
Petr.: Quid comedes?
Syr.: Colustrum¹), nam duas vaccas foetas habemus.
Petr.: Atat, campana²) tertiam sonat horam! Alio properandum est!
Syr.: Quo, Petrelle?
Petr.: Quo nusquam magis invitus.
Syr.: Ad scholamne?
Petr.: Immo ad carcerem!
Syr.: Eho, quid ita? Scholam carcerem vocas?
Petr.: An non carcer tibi videtur, qua nos magister velut in cavea clausos conservat?

Ick salt tavent al verhalen.
Wat salstu eten?
Ick sal byst eten, want wij hebben twe koyen, die ghecalvt hebben.
Gans peert, die clock slaet drie, wij moeten op een ander welt!
Waer hen, peterken?
Daer ick neergent noeder en gae.
Waer ter scolen?
Ja, ten kerker!
Wat ny? Hoe soe? Heyt gy de schoel enen kerker te wesen?
Dunck u dat nyet een karker te syn, daer ons die meester holt als in een holl?

Bevor wir zu dem berühmtesten aller Dialogbücher, den „Vertraulichen Gesprächen" des Erasmus übergehen, muss mit ein paar Worten der Phrasensammlung gedacht werden, welche der bekannte Münsterische Humanist Johannes Murmellius im Jahre 1513 im 2. Kapitel seiner „Pappa puerorum" veröffentlicht hat. Wenn sich auch bei Murmellius nur einige Ansätze zu einem wirklichen Zwiegespräche finden und das Kapitel vielmehr im wesentlichen aus lose an einander gereihten lateinisch-deutschen Gesprächsformeln besteht, muss dasselbe gleichwohl hier erwähnt werden, da es von den Dialogschreibern vielfach benutzt worden ist. Bezüglich seiner Entstehung, seiner Quellen, seiner zahlreichen Ausgaben u. s. w. kann ich auf die Einleitung zu meinem Neudrucke³) verweisen. Hier mögen nur als Probe ein paar kulturgeschichtlich interessante Sätzchen Platz finden:

---

¹) Colustrum (colostrum) = die erste Milch in den Eutern nach dem Werfen des jungen Tieres; die Biestmilch galt als Leckerspeise.

²) Im Text fälschlich: campanam.

³) Ausgewählte Werke des Münsterischen Humanisten Johannes Murmellius, hrsgg. von Dr. A. Bömer. Münster 1895. Heft 4 = Pappa puerorum.
Der gegen Ende des 15. Jahrhunderts zuerst gedruckte, für Schüler zur Uebung in der „Kunst der rede oder ansprechung" geschriebene „Gramatellus pro iuvenum eruditione cum glosa alemanica" welcher auch lateinische Phrasen mit übergedruckter alemannischer Uebersetzung enthält, wird wohl scholastischen Ursprungs sein. Vgl. Joh. Müller, Quellenschriften, S. 227/228.

Frater meus et ego in sex menses duodecim solidis loculentum cubiculum conduxiinus. [Später zugefügt:] Caupones gratis locant domus suas advenis, sed eo carius cibant	Myn broer und ick hebben voer eyn half jaer eyn luchtige kamer om tweliff schilline gehuyrt. Die wurt lyben ire huser vergebens den gesten, gend inen aber dest turer zu essen.

Etwas wunderbar als Mustersätze, aber ein Beweis dafür, wie man allen Bedürfnissen der Unterhaltung entgegenkam, sind die folgenden Phrasen:

Joannes calceos meos comminxit.	Joannes heft myne schoen bemyeghen.
Cur librum meum conspuisti?	Wair om hebstu myn boeck bespyeghen?
Cave tibi, ne tantum potes, ut lectum nostrum convomas!	Hoede dy, dat du so veel nijcht en supest, Dat du onse bedde bespyest [später bekotzest]!

6) Desiderius Erasmus

Familiarium colloquiorum formulae bezw. Colloquia familiaria.

Mit dem Werke des Erasmus treten die Schülergespräche in eine neue Periode, die sich namentlich durch ein reineres, eleganteres Latein vorteilhaft von der vorangegangenen unterscheidet. Kaum jemals wieder hat ein Schulbuch trotz heftiger Anfeindungen von allen Seiten einen solchen Erfolg erlebt, wie die „Vertraulichen Gespräche" des grössten der Humanisten. Heute sind sie mehr genannt als bekannt, obwohl noch in neuerer Zeit wieder Adalbert Horawitz durch eine ausführliche Analyse der vorzüglichsten Dialoge Interesse für das geistvolle Werk zu erwecken versucht hat[1]). Dasselbe ist erst ganz allmählich, unter beständiger Erweiterung, zu der Gestalt gelangt, in welcher wir es in den grossen Ausgaben des Erasmus zu lesen pflegen und in welcher es auch von Horawitz charakterisiert worden ist. Ich würde mich damit begnügen, auf dessen Ausführungen hier einfach zu verweisen, wenn nicht die Colloquia gerade in ihren Anfangsstadien vielfach zur Nacheiferung angeregt und als Muster gedient hätten, in Formen, über welche eine eingehendere Untersuchung bislang, so weit mir bekannt, noch von keinem angestellt worden ist. Eine solche ins Werk zu setzen und die Erweiterung der Sammlung bis zu ihrer vollendeten Gestalt nach Möglichkeit zu verfolgen, soll hier zum ersten Male versucht werden. Von einer mit grossen Schwierigkeiten verbundenen Beschaffung und Vergleichung sämtlicher bis zum Abschluss des Werkes erschienenen, bezw. heute noch in einem Exemplare nachzuweisenden Ausgaben — es sind ihrer über fünfzig — glaubte ich Abstand nehmen zu dürfen, da ich bei Vergleichung von etwa dreissig Drucken aus dem bezeichneten Zeitraume die Beobachtung gemacht, dass Frobens Officin in

---

[1] A. Horawitz, Ueber die „Colloquia" des Erasmus von Rotterdam, im Historischen Taschenbuch hrsgg. von W. Maurenbrecher. 6. Folge 6. Jahrg. Leipzig 1887. S. 53—121.

Basel immer zuerst die neuen Redaktionen des Werkes gebracht hat. Wir können uns demnach darauf beschränken, an der Hand der Frobenschen Drucke, die mir vollzählig vorgelegen haben oder von den betreffenden Bibliotheksverwaltungen genügend beschrieben worden sind, das Wachsen der Schrift zu verfolgen[1]). Hier sollen nur die bis zum Jahre 1533 (in welchem, wie wir sehen werden, das Werk abgeschlossen wurde) erschienenen datierten Ausgaben aufgezählt werden. Diejenigen Drucke, deren Anführung sich nur auf die Listen der Bibliotheca Erasmiana stützt, sind durch ein in Klammern zugefügtes „Bibl. Er." kenntlich gemacht. Für die Ausgaben nach 1533 sei auf die Bibl. Er. verwiesen.

Ausgaben:
1518.
1) Basel, Johannes Froben (H. u. St. B. München).
2) Antwerpen, Michael Hillen (Bibl. Er.).
3) Paris, H. Stephanus expensis Conradi [Resch] Basil (Bibl. Er.).

1519.
4) Antwerpen, Hillen (Bibl. Er.),
5) Basel, Froben, Februar (K. B. Haag),
6) „ „ Mai (Herz. B. Wolfenbüttel),
7) Deventer, Albert Paffraed (L. B. Düsseldorf, K. B. Haag, St. B. Lübeck, P. B. Münster, Gr. Herz. B. Weimar).
8) Köln, Eucherius Cervicornus (Bibl. Er.),
9) Krakau, Haller (Bibl. Er.),
10) Leipzig, Valentin Schumann (K. B. Erfurt, H. u. St. B. München),
11) Löwen, Theod. Martinus Alust. (Bibl. Er.),
12) London, Wynandus de Worde (Bibl. Er.),
13) Strassburg. (Bibl. Er.),
14) Wien, Johannes Singrenius (Bibl. Er.).

1520.
15) Antwerpen, Hillen (Bibl. Er.),
16) Deventer, Paffraed (Bibl. Er.),
17) Köln (Bibl. Er.),

---

[1]) Die Universitäts-Bibliothek zu Gent hat das dankenswerte Unternehmen einer Gesamt-Bibliographie der Werke und Ausgaben des Erasmus begonnen. Ihre ersten Untersuchungen liegen in Listen vor, welche zur Ausfüllung und Ergänzung an die grösseren Bibliotheken des In- und Auslandes gesandt worden sind (Bibliotheca Erasmiana. Répertoire des oeuvres d'Érasme. I-III. 1893). Soeben erscheint der 1. Teil des fertigen Werkes. Er enthält die Adagia. Die Resultate über die Colloquia harren noch der Veröffentlichung, indessen hat Herr Oberbibliothekar Dr. Van der Haeghen die grosse Güte gehabt, mir einen Teil der bislang mit Sicherheit nachzuweisenden Ausgaben, nämlich die von 1524 bis 1550 — über die früheren erhielt ich leider keine Nachricht — brieflich zu verzeichnen. Ich freute mich, auf Grund meiner Nachforschungen noch verschiedene neue Drucke zufügen zu können.

18) Leipzig, Melchior Lotter (K. B. Erfurt),
19) Mainz, Johannes Schöffer, Januar (U. B. Tübingen),
20)   "   "   "   Oktober (Bibl. Er.),
21) Strassburg, Johannes Knoblauch (Enthält auch Dialogi duo Christophori Hegendorfphini K. B. Berlin, U. B. Erlangen, U. B. Strassburg),
22) Strassburg, Prüss (K. B. Dresden),
23) Wien, Singrenius (H. B. Wien).

1521.

24) Mainz, Schoeffer (H. u. St. B. München, H. B. Wien),
25) Strassburg, Knoblauch (H. u. St. B. München. Auf dem Titel wieder zwei Dialoge des Hegendorffinus angekündigt, die jedoch in dem vorliegenden Exemplare fehlen).
26) s. l. (Aber Vorrede von Theodor. Martinus Alostensis, also wohl Löwener Druck.) (H. u. St. B. München, U. B. München).

1522.

27) Basel, Froben (K. B. Erfurt, H. u. St. B. München),
28) Köln, Soter (Gr. Herz. B. Darmstadt, U. B. Königsberg),
29) Mainz, Schöffer (Bibl. Er.),
30) Strassburg, Knoblauch (H. u. St. B. München),
31)   "   Morhard (Bibl. Er.),
32) Venedig, Gregor de Gregor (Bibl. Er.),
33) s. l. (Bibl. Er.)

1523.

34) Augsburg, Sigm. Grimm (H. u. St. B. München),
35) Basel, Froben (K. B. Haag, H. u. St. B. München, U. B. München),
36)   "   Theodor Wolf (Bibl. Er.),
37) s. l. (Bibl. Er.)

1524.

38) Augsburg (U. B. München),
39) Basel, Froben (St. B. Frankfurt a. M., U. B. Jena, Herz. B. Wolfenbüttel),
40) Köln, Johannes Gymnich (U. B. Löwen).

1525.

41) Antwerpen, Hillen (Bodl. Oxford),
42) Basel, Froben (K. B. St. Petersburg),
43) Köln, Hero Alopecius (K. B. Haag),
44) London, de Worde (Bibl. Er.),
45) s. l. (H. u. St. B. München).

1526.

46) Antwerpen, Hillen (Bibl. Er.),
47) Basel, N. Brylingius (St. B. Marseille),
48)   "   Froben (U. B. Erfurt, St. B. Frankfurt a. M., U. B. Freiburg, U. B. Marburg),
49) Köln, Alopecius (B. Nat. Paris),
50) Lyon, Seb. Gryphius (St. B. Troyes),
51)   "   Hilayre (Musée Calvet Avignon),
52) Paris, Simon Colinaeus (Bibl. Er.).

1527.
53) Basel, Froben (U. B. Breslau, St. B. Frankfurt a. M., U. B. Freiburg. H. u. St. B. München, U. B. München, St. B. Nürnberg, B. Nat. Paris, St. B. Tournai).
54) Krakau (H. B. Wien).
55) Paris, Colinaeus (B. de l'Arsenal Paris),
56) Strassburg, Christian Egenolph (U. B. Erfurt, Jesuiten-B. Innsbruck).

1528.
57) (Köln), Eucherius Cervicornus (U. B. Rostock),
58) Paris, Colinaeus (Bibl. Er.),
59) „ Fr. Regnault (U. B. Löwen),
60) Strassburg, Knoblauch (K. B. St. Petersburg).

1529.
61) Antwerpen, Hillen (B. Nat. Paris),
62) Basel, Froben (St. B. Breslau, U. B. Erlangen, St. B. Frankfurt a. M., U. B. Freiburg, U. B. Göttingen, U. B. München),
63) Strassburg, Wol. Cephaleus (U. B. Strassburg, K. B. Stockholm).

1530.
64) Strassburg (Nur die Zusätze seit 1527) (H. u. St. B. München, U. B. München).

1531.
65) Basel, Hieronymus Froben u. Nicolaus Episcopius (U. B. Gent, H. u. St. B. München).
66) Florenz, Haeredes Phil. Juntae (Brit. Mus. London),
67) Krakau, Hieron. Victor (Bibl. Er.),
68) Lyon, Gryphius (St. B. Lyon, B. Nat. Paris),
69) Magdeburg (Herz. B. Wolfenbüttel).

1532.
70) Köln, Gymnich (St. B. Hamburg, K. B. St. Petersburg),
71) Löwen, Germ. Fiscus (Bibl. Er.),
72) Lyon, Gryphius (St. B. Metz).

1533.
73) Basel, Froben (U. B. Freiburg, U. B. Gent, U. B. Strassburg, K. B. Stuttgart),
74) Köln, Gymnich (U. B. Breslau, K. B. Haag, B. Nat. Paris),
75) Lyon, Gryphius (B. Nat. Paris),
76) Lyon, Trechsel (St. B. Abbeville, St. B. Orleans),
77) s. l. (B. nat. Madrid, St. B. Tournai).

Eine ausführliche Bibliographie der pädagogischen Arbeiten des Erasmus wird mit dem innerhalb der MGP. erscheinenden Werke „Erasmus von Rotterdam und seine Bedeutung für Erziehung und Unterricht" veröffentlicht werden.[1]

---

[1] Mitteill. Jahrg. IV. Geschäftl. T. S. XXV ff. — Ein seltsames Verhängnis hat das für die MGP vorbereitete Werk über Erasmus nicht zum völligen Abschluss gelangen lassen. Obwohl bereits in der Beilage des Planes der MGP. (1883) mitgeteilt wurde, dass Professor A. Horawitz dieses Werk in Angriff genommen, ist es bis heute noch nicht erschienen.

Panzer, Annales typogr. VI. S. 210. No. 264 und nach ihm Graesse, Trésor des livres rares II. 495 zitieren: „Des. Erasmi Roterod Colloquiorum formula. Ejusdem brevis de copia praeceptio. Basil. 1516", und seitdem ist fast allgemein zu lesen, dass die erste Ausgabe der Colloquia im Jahre 1516 erschienen sei. Horawitz (a. a. O. S. 57) zieht allerdings die Existenz dieses Druckes in Zweifel, woher aber der Irrtum stammt, hat auch er nicht herausgefunden. Er glaubt eine Verwechselung annehmen zu müssen mit dem 1516 von Beatus Rhenanus herausgegebenen „Colloquiorum familiarium incerto autore libellus", welcher in der Einleitung erwähnt worden ist. In Wirklichkeit ist die Zahl 1516, wie mich eine zufällige Entdeckung belehrt hat, auf einen — Druckfehler bei Panzer zurückzuführen, denn erstens figuriert die fragliche Ausgabe unter der Abteilung des Jahres 1518 und zweitens ist sie auch im Register (X, S. 238) richtig bezeichnet als „Basileae 1518".

In dem Frobenschen Druck von 1518 ist also die Editio princeps der nachmaligen „Colloquia familiaria" zu sehen: FAMILIA RIUM COLLOQUIORUM ' FORMU LAE. ET ALIA QUAEDAM. ' PER DES. ERAS MUM ROTE RODA MUM. S. 2: JO. FROBENIUS LECTORI. S. S. 3: BEATUS RHENANUS. NICOLAO ET CRATONI STALBERGE RIIS PATRITIIS FRANCFOR DIENSIBUS, NICOLAI FI LIIS S. D. S. 5: COLLOQUIO RUM FAMILIARIUM , FORMULAE. S. 64: BREVIS DE COPIA PRAECEPTIO. ' S. 75: DES. ERASMI ROTERODAMI, DE RATIONE STUDII, AD AMI CUM QUENDAM, EPISTOLA PROTREPTICA. S. 79. Z. 11: BASILEAE APUD JO ANNEM FROBENI UM MENSE NO VEMBRI AN. M. D. " XVIII. S. 80: Holzschnitt mit dem Zeichen Frobens. 80 S. 8°, Sign. a₂ — e₅. lat. Typen (H. u. St. B. München).

Die Ausgabe beginnt mit einer Aufforderung ihres Druckers Froben an alle, welche in kurzer Zeit lateinisch sprechen lernen wollten, den „libellus" oder vielmehr den „thesaurus merus" zu kaufen. Froben stützt sich auf eine Empfehlung solcher Rede-

---

Prof. Horawitz starb 1888 nach langen Leiden und hinterliess nur ein kleines, nicht vollendetes Fragment, die früheste Jugendzeit des Erasmus umfassend. Professor Dr. Hartfelder übernahm nach ihm die Abfassung des Werkes und förderte es mit ungemeinem Eifer; aber auch er starb, bevor er das Werk, für das er die umfassendsten Vorstudien gemacht, vollendet hatte. Das hinterlassene Manuscript, das viele neue Resultate in sich schliesst, besitzt jetzt Herr Professor Ludwig Geiger in Berlin, der nun hoffentlich das Werk vollenden wird.   Anmerk. d. Redaktion.

formeln durch Erasmus in seinem am Schlusse des Werkes zum Abdruck gebrachten Briefe „De ratione studii" an einen gewissen Freund[1]). Dann folgt ein für die Entstehungsgeschichte der Gespräche äusserst wichtiger Brief des Beatus Rhenanus an die jungen Nürnberger Patrizier Nikolaus und Craton Stalberger. Rhenanus hat diesen auf irgend eine Weise bei ihrem Studium nützlich sein wollen und ihnen nichts Zweckmässigeres bieten zu können geglaubt, als diese Formeln. Hören wir ihn selbst, wie er an dieselben gekommen: „Mit Hilfe des Lambertus Hollonius, eines gelehrten Jünglings aus Lüttich, habe ich die Gesprächsformeln bekommen, welche Erasmus vor 20 Jahren oder noch früher, als er in Paris weilte, für Augustinus Caminadus, der einige Seeländer Knaben unterrichtete, spielend zusammengeschrieben hat, und ich habe dieselben sogleich bei Froben drucken lassen, zunächst, um Euch einen Gefallen zu erweisen, aber auch, damit an andere Studenten dieser Schatz gelangte, der bislang von gewissen nichtswürdigen Menschen, gleichwie das goldene Vliess von dem Drachen, bewacht und von Caminadus wiederholt für hohen Preis verkauft worden ist. Das Büchlein selbst verrät die Vaterschaft des Erasmus durch die Reinheit, Gefälligkeit und Lebendigkeit des Stils. Ausserdem enthält es nichts Verwerfliches, nichts Triviales, sondern aus den besten Autoren gepflückte Blüten des eleganten Stils. Indessen war die Vorlage an vielen Stellen verunstaltet worden. Einige Verbesserungen habe ich angebracht, die anderen sind für den Autor selbst[2]), der das Büchlein schon für verschollen hielt, aufgespart. Lebt wohl mitsamt Euerem ebenso sittenreinen als gebildeten Lehrer Guilielmus Nesenus! Basel, am 22. November 1518."

Das Datum dieser Vorrede des Beatus Rhenanus, welche ihrer Fassung nach doch ohne Zweifel den ersten Druck des Werkes begleitet hat, würde auch dem Jahre 1516 widersprechen, wenn wir nicht etwa annehmen wollten, dass dasselbe in unserer Ausgabe verändert, d. h. bis 1518 zurückgesetzt worden wäre.

Als Personen der Unterhaltung sind in der Ueberschrift des eigentlichen Werkes bezeichnet: Christianus, Augustinus poeta, Petrus puer, Erasmus, Theodoricus, Midas, hospites. — Ich versuche, den Inhalt der meistens unter einander in fortlaufendem Zu-

---

[1]) Der Brief ist von Paris aus im Jahre 1499 an Christianus Lubecensis geschrieben. Des. Erasmi Roterodami Opera omnia. Tom. III. Lugduni Batavorum 1703, Sp. 68.

[2]) Horawitz a. a. O. S. 57 zitiert statt „autori" fälschlich „auditori".

Desiderius Erasmus. 77

sammenhange stehenden Gespräche bezw. Gesprächsformeln kurz zu skizzieren, und füge die den einzelnen Abschnitten im Text gegebenen Ueberschriften an den betreffenden Stellen in Klammern zu: Christian zählt Gruss- (Salutandi formula) und Empfehlungsformeln (Absentibus hoc pacto salutem aut mandamus aut precamur, form.) auf. Augustin giebt Formeln des Zusagens (Annuentis form.) und noch andere des Begrüssens (Alia salutandi form.). Darauf wendet sich Christian mit der Frage des Befindens (Valetudinis form.) an Augustin, und dieser antwortet (Responsoria). Hiermit beginnt eine Art von Dialog, doch werden alle Fragen und Antworten noch immer in allen möglichen Variationen angeführt. — Augustin thut dieselbe Frage nach dem Befinden an Christian (Alia de valetudine rogandi form.), und Christian bemerkt, dass es ihm gut gehe (Responsoria). Das freut Augustin („Libens audio- form.). Christian erkundigt sich nach Augustins Verhältnissen (Status et conditionis rerum form.). Augustin antwortet (Responsoria), und Christian giebt seiner Befriedigung Ausdruck. Augustin fragt, was Christian treibe (Operis form.). Christian thut augenblicklich nichts (Responsoria. „Nihil ago- form.). Augustin fürchtet, dass er ihm hinderlich sei („Impedio te- form.). Christian versichert das Gegenteil (Responsoria). / Augustin bemerkt, dass Christian immer studiere („Studes continuo- form.). Christian glaubt, der Freund verlache ihn („Irrides me- form.). Augustin hat aber im Ernst gesprochen („Rem ipsam dico- form.)./Christian fragt, weshalb ihn Augustin nicht schon eher einmal aufgesucht („Cur non visitas nos?- form.) Augustin hat keine freie Zeit gehabt („Non licuit" form.). Christian nimmt die Entschuldigung unter der Bedingung an, dass er sie nicht öfter gebrauche. Augustin giebt seiner Freude Ausdruck, dass Christian zuweilen an ihn geschrieben („Ago gratias, quod litteras ad me dederis- form.). Christian erkundigt sich nach Neuigkeiten aus der Heimat (Nova rogandi form.). Augustin weiss nichts Bestimmtes (Responsoria). Christian fragt, ob er denn keinen Brief erhalten („An accepisti litteras?- form.). Augustin verneint es, er sähe auch lieber Geld, als einen Brief (Responsoria). Das glaubt ihm Christian („Credo" form.). Augustin fragt, was er wohl mit leeren Briefen ohne Geld anfangen solle („Ad quid litterae vacuae?" form.). Christian antwortet, sie seien „podici tergendo" nützlich (Responsoria. Utilitatis form.). Augustin erkundigt sich nach Christians Freunden („Ut valent amici?" form.) und seiner Frau. Christian hat letztere schwanger bei der Mutter gelassen (Responsoria). Augustin wünscht ihr das Beste („Bene esse illi precor- form.) und ist erfreut, dass Christian sich als Mann gezeigt./ Christian will ihm die letzte Bemerkung nicht übel nehmen (Responsoria). — Er findet es löblich, dass Augustin einmal wieder seine Heimat aufgesucht habe und fragt, ob noch alles beim Alten sei. Es sind höchstens 10 Jahre her, dass Augustin zuletzt zu Hause gewesen, und doch hat sich alles ver-

ändert. Es ist ihm vorgekommen wie Epimenides, der in einer Höhle
47 Jahre geschlafen („Nova omnia" form.). Christian glaubt nicht an
diese Erzählung („Non credo" form.). Was möchte der Schläfer dann
wohl die ganze Zeit über geträumt haben[1]? Augustin meint, dass es
mit Epimenides noch wohl bestellt gewesen, da er wenigstens wieder zu
sich gekommen wäre; viele Pariser Theologen aber wachten überhaupt
nicht aus ihrem Schlafe auf (Responsoria). Christian fragt nach dem
Befinden von Augustins Eltern, erkundigt sich auch, ob er am Abend zu
Hause speise. Augustin ist bei einem „affinis" eingeladen. Auf Christians
Wunsch zählt er die Bezeichnungen für die verschiedenen affines, d. h.
die Verwandten durch Heirat auf (Nomina affinitatum form.).
Christian lädt Augustin nunmehr für den folgenden Tag zum Frühstück ein
(„Cras prandeas" form.). Augustin fürchtet, dass er nicht könne
(„Timeo, ne non possim" form.). Christian fragt nach dem Grunde
(„Quare?" form.). Augustin muss zu Hause bleiben, weil er selbst
Gäste geladen („Domi me esse oportet" form.). Dann bittet ihn
Christian für den nächstfolgenden Tag zur Mahlzeit. Auch dafür kann
Augustin keine feste Zusicherung geben („Non possum promittere"
form.). So möge er dann selbst einen Tag bestimmen („Diem dicere
debes" form.). Augustin will den Freund überraschen („Nolo te
praescire" form). Christian wünscht aber zwei Tage vorher Bescheid
(„Praescire volo" form.). Augustin bemerkt, Christian handele zu
seinem Schaden, er würde mit solchem Appetit kommen, dass der Gastgeber
Last haben würde, den „Wolf" zu sättigen („Tuo malo optas
hoc" form.). Christian fordert zur Probe auf. Augustin sagt endlich
unter der Bedingung zu, dass Christian dann am folgenden Tage bei ihm
zum Mahle wäre („Ea lege promitto" form.). Christian ist einverstanden,
er erkenne den feinen Franzosen, der keine Einladung annehme,
ohne sie zu erwidern. Er wolle Augustin übrigens nicht länger aufhalten.
Morgen könnten sie weiter sprechen, bemerkt dieser. „Wohin gehst Du
jetzt?" fragt Christian („Quo is?" form.). „Ich gehe nach Hause." erwidert
Augustin („Eo domum" form.). Christian bittet, ihm den Curio,
den er treffen wolle, zu empfehlen (Commendandi form.). Augustin
verspricht es (Obsequii form.). Vor dem Scheiden erklärt er Christian
auf Wunsch noch die Ausdrücke: (In culpa, in causa, in mora). Dann
verabschiedet er sich. Christian ist noch nicht mit ihm zufrieden
(„Irascor tibi" form.). „Weshalb?" fragt Augustin erstaunt („Qua
causa?" form.). Weil er Christian so selten besuche („Quia non curas
me" form.). Augustin giebt geschäftliche Abhaltungen vor. Christian
will ihm vergeben, wenn er am Abend bei ihm speise. Augustin verspricht
das (Responsoria). Christian bittet, ihn aber nicht zu belügen („Ne
fefelleris me!" form.). Augustin wiederholt sein Versprechen, möchte

---

[1]) In unserer Originalausgabe wird diese Frage nicht beantwortet.
Später erwidert Augustin: „Was anders, als was Scotus nachher aufgezeichnet?"

aber seinetwegen keine Umstände gemacht wissen. Eine „cena Pythagorica", die Christian vorschlägt, ist ihm noch zu gut, er schlägt ein Diogenisches Mahl vor. Christian mahnt dann noch, alle Sorgen zu Hause zu lassen, den gewohnten Witz und Humor aber mitzubringen. Endlich eilt Augustin weg zu seinem Schwiegersohne, um einen Streit zu schlichten. — Um 5 Uhr lässt ihn Christian durch den Knaben Peter zum Mahle rufen. Augustin findet einen reicheren Tisch, als er erbeten. Wo derselbe aber einmal bereitet ist, ruft er: „Hinweg mit dem stoischen Ernste, jetzt wollen wir epikuräisch leben!" Ueber die beiden Philosophenschulen muss Augustin bei dieser Gelegenheit Auskunft geben (Stoici et Epicuraei qui?). Nachdem der Knabe Dromus das Gebet gesprochen (Consecratio cenae), beginnt die Mahlzeit. Ein Kapaun und ein Hahn wird aufgetragen. Augustin bietet Christian fortwährend an und vergisst, selbst zuzugreifen. Christian fragt, ob er weissen oder roten Wein wolle. Augustin ist die Farbe gleich, wenn nur der Geschmack gut sei („Parvi refert, quo sit colore"). Gleichwohl muss er auf Christians Wunsch ein Urteil abgeben über die roten und weissen Weine (Iudicium de vino rubro et albo). Auf einmal wird Augustin still und ernst. Christian sieht das beste Heilmittel in reichlicherem Weingenusse, worin ihm Augustin Recht giebt („Rem attigisti" form.). Beim neuen Trunke muss Augustin erklären, weshalb die Alten Bacchus den Gott der Dichter genannt. — Augustin möchte Christian wieder etwas anbieten, wenn er nur wüsste, wozu er Appetit hätte („Si cognoscerem, quid te oblectet, tibi servirem" form.). Die Beiden machen sich gegenseitig Komplimente über ihren Geschmack. Dabei gesteht Augustin, dass ihm die Stoiker, die gar nicht für ihren Mund gesorgt, eigentlich niemals recht gefallen hätten. Er fügt bissig hinzu: „Vernünftiger sind unsere Theologen, welche zufrieden damit, nach der Weise der Stoiker zu disputieren, in ihrer Lebensweise die Epikuräer noch übertreffen." Ist Augustin unglücklich oder krank, so nimmt er auch zur Philosophie seine Zuflucht, ist er aber geheilt, so lässt er sie wieder fahren. Nunmehr wendet sich Christian an den Gast Erasmus und sucht ihn aufzuheitern, da er unwillig darüber scheint, dass trotz der früheren Vorstellungen Augustins ein so frugales Mahl bereitet ist. Dann erhebt sich ein Gespräch über den Vorzug des Rind-, Schweine- oder Schaffleisches und über die Verschiedenheit des Geschmackes der Menschen. Erasmus erzählt, er habe in Italien einen gesehen, der ohne Speise und Trank zu geniessen, sich durch Schlafen genährt hätte. Da Augustin diesen Bericht für ein Märchen hält, erinnert Erasmus an den Bericht des Plinius[1]), dass der Bär sich 14 Tage lang nur durch Schlafen auf wunderbare Weise erhalten könne u. s. w. Die Rede kommt nun auf das Wildpret. Erasmus fragt, woher Christian den Hirsch erhalten habe. Freund Midas hat ihn erlegt und übersandt. Erasmus versichert, dass ihn die Jagdlust völlig verlassen, er jage nur noch die Wissenschaft. Christian weist auf die Nachricht des Plinius, dass die Ohren des Hirsches, wenn

---

[1]) Plinius, Nat. hist. VIII, 36.

er sie aufrichte, scharf, wenn er sie sinken lasse, taub wären¹). Das wäre nicht nur beim Hirsche der Fall, bemerkt Augustin. Wenn einer ihm etwas geben wolle, so richte er auch die Ohren auf, wenn er geben solle, liesse er sie sinken. Darauf bietet Augustin Christian Hasenbraten an. Christians Frage, ob er schon einen weissen Hasen gesehen, bejaht Augustin; wunderbar erscheint ihm Plinius' Bericht, dass die Weibchen ohne die Männchen zeugen könnten.²) — Christian bittet Augustin, der Nymphe, die neben ihm sitze, von dem Kaninchenfleische zu reichen. — Für Gänse hat Augustin keine Vorliebe, besonders nicht für die vor ihm stehende, welche noch eine von denen zu sein schiene, die einst den Römern das Kapitol gerettet. Das aufgetragene Huhn hätte entweder einen geizigen Futterherrn gehabt, oder es hätte geliebt und wäre eifersüchtig gewesen, woran diese Tiere häufig litten. Der Kapaun sei viel fetter, da sähe man, was die Sorgen thäten. „Wenn wir aus unserem Hahn Dietrich einen Kapaun machten, würde er auch fetter werden" schliesst Augustin. Dietrich bemerkt, er sei kein Hahn. Augustin giebt sodann ein Rätsel auf über das Wort „Gallus" (Aenigma de Gallo). Christian dankt seinen Gästen für ihr Erscheinen und bittet nochmals um Entschuldigung wegen der Dürftigkeit des Mahles, das Augustin jedoch ein zu prächtiges und vornehmes nennt und durch neue geschickte Scherze über die Zahl der Gäste — wir erfahren, dass es 10 Männer und 3 Mädchen sind, — zu einem Dichter-Mahl macht (De convivio opiparo et poetico). Während die Gäste noch einen Becher leeren und sich gegenseitig zutrinken, wird Erasmus abgerufen. Ein Famulus des Morus³) erwartet ihn, sein Herr ist aus England angekommen und will am nächsten Morgen nach Deutschland. Nachdem sich Erasmus verabschiedet, wird der Nachtisch aufgetragen. Zum Schluss bittet Christian Augustin, für alle das Schmausgeld zu zahlen, indem er einige wissenschaftliche Belehrungen gebe, wie er es so oft gethan. Augustin ist bereit und erklärt den Ausdruck „indignum auditu" („Indignum auditu" form.), giebt Variationen des Satzes „Il moy at beacop de labeur, temps ou de pecune escoste = Das hat mich viler arbeit, zyt oder gelt gestanden" (Variandi ratio hanc orationem: „Multo mihi constat"), zählt Verben des Kaufens und Schätzens auf, stellenweise mit beigefügter französischer oder deutscher Uebersetzung, verbreitet sich über ihre Konstruktion und giebt Beispiele für ihren Gebrauch, darunter auch kulturgeschichtlich bemerkenswerte z. B. „Petrus osculum puellae scutato⁴) emit. Sit illi faustum! Nolim ego basiare tanti" oder „Quosdam sexcentis sestertiis cenasse legimus, at Galli saepenumero liardo⁵) cenitant." Dass die Franzosen immer ässen,

---

¹) Plinius, Nat. hist. a. a. O.
²) Plinius, Nat. hist. VIII, 55.
³) Wir erinnern uns, dass Erasmus den jungen Thomas Morus an der Universität Oxford in den Jahren 1498/9 kennen gelernt hatte.
⁴) Scutatum = Moneta regum Francorum (Du Cange).
⁵) Liardus = Moneta minutior, teruncior (Du Cange).

was am billigsten wäre, wird wiederholt betont (Emendi aestimandique verba et form.). Der ähnlichen Konstruktion wegen reiht Augustin die Verben des Anklagens an (Exempli causa accusandi form.). Nachdem Christian mit einem Gebet die Mahlzeit beendigt, fasst man den Beschluss, noch einen gemeinsamen Spaziergang zu machen und der Kurzweil wegen auch die Damen mitzunehmen. Augustin geht als Dichter voran und kommt sich, wo die ganze Schar ihm folgt, wie ein Satrap vor. Christian bestürmt ihn mit neuen Fragen, vor allen, was für Mittel Erasmus anwende, dass seine Rede so leicht und gefällig dahinflösse, worauf Augustin seine Beobachtungen in einer längeren Unterweisung darlegt, welche die Ueberschrift trägt: Brevis de copia praeceptio. Zuerst, lehrt Augustin, kommt es darauf an, reine und gewählte lateinische Wörter zu verwenden, die zweite ebenso wichtige Sorge ist auf Wechsel des Ausdrucks zu verwenden. Was sich in dieser Beziehung erreichen lasse, zeigt er an einer höchst mannigfaltigen Variation der Sätze: „Litterae tuae magnopere me delectant" und „Numquam, dum vivam, tui ero immemor." Christian spricht dem trefflichen Lehrmeister den Dank der Gesellschaft aus.

In der gekennzeichneten Form erfuhr das Werk in kürzester Zeit mehrere Neudrucke[1]). Der Urheber und Eigentümer desselben war aber merkwürdigerweise noch garnicht um seine Einwilligung zur Veröffentlichung gefragt worden. Den ersten Druck hatte er schweigend seinen Weg gehen lassen, als jedoch eine Ausgabe nach der anderen erschien, verlor er die Lust, das rücksichtslose Vorgehen noch länger schweigend anzusehen und gab nun selbst eine Ausgabe mit einem geharnischten Vorwort gegen die Anstifter der früheren. Dasselbe ist datiert vom 1. Januar des Jahres 1519. Der Druck erschien im Februar bei Froben und wurde in derselben Offizin schon im Mai neu aufgelegt. Ueber die erste Ausgabe erhielt ich einen kurzen Ausweis von der Königlichen Bibliothek im Haag, die zweite ist mir von Wolfenbüttel ausführlich beschrieben worden:

Familiarium colloquiorum formulae, in gratiam inventutis recognitae ab Erasmo Roterodamo. Et alia quaedam per eundem autorem. Bl. 3a: Erasmus Roterodamus candido lectori. [A. E.] Basileae apud Joannem Frobenium mense Maio. An. M.D.XIX.

Erasmus schreibt in der später etwas variierten Vorrede ungefähr also: .... Es ist ein Büchlein vertraulicher Gespräche er-

---

[1]) Dem Ende des Jahres 1518 gehört wahrscheinlich auch der folgende undatierte Frobensche Druck an: Familiarium colloquiorum formule Et alia quedam per Des. Erasmum Roterodamum. Bl. 1ᵇ: Jo. Frobenius lectori, S. Bl. 2ᵃ: Beatus Rhenanus etc. O. O. u. J. 26 Bll. 4°. (U. B. Leipzig, P. B. Münster, U. B. Strassburg, U. B. Würzburg).

schienen, welches man mir zuteilt und welches, wie ich höre, von
den Knaben unter meinem Namen auswendig gelernt wird. Wenn
dasselbe auch noch so geeignet ist, die Reinheit der lateinischen
Sprache zu lehren, so will ich gleichwohl nicht, dass mir zuge-
schrieben wird, was mir nicht gehört. Da nämlich vieles beigemischt
ist, was nach lauter Barbarei riecht, will ich kurz den Sachverhalt
auseinandersetzen. Ich gestehe, dass ich einst, da ich in Paris
war, vor mehr als 20 Jahren, einige Spielereien diktiert habe, wenn
es einmal beliebte, nach dem Essen vertraulich zu plaudern und
sorglos (discinctum), wie Horaz[1]) sagt, sich zu üben in den Formeln
des täglichen Umgangs und der Rede bei Tisch . . . Ein uner-
sättlicher Dieb (Laverna) solcher Kleinigkeiten war immer Augustinus
Caminadus, in dessen Hause ich damals einige Monate verkehrte.
Der hat dieses Buch wie eine äsopische Krähe aus all dem (ex
his omnibus) zusammengetragen oder vielmehr wie ein Rhapsode
sein eigenes Gemengsel (farraginem) beigemischt, wie wenn ein
Koch mehrere Suppen durcheinander giesst. Er fügte Personen,
Titel und einige eigene Zusätze bei, damit der cumanische Esel
sich überall selbst verriete. Denn auch nur lateinisch zu tändeln
ist nicht so leicht, wie gewisse Leute glauben. Ich kann heute
noch die einzelnen Entlehnungen nachweisen, und einige haben auch
noch Blätter, welche beweisen, dass ich die Wahrheit sage. „His
neniis imposuit quibusdam crassulis, inscio me, quo nimirum homo
tenuis ac famelicus non nihil nummorum abraderet." Uebrigens
braucht mich Beatus Rhenanus, mein redlicher Freund, nicht zu
entschuldigen, dass ich dieses Buch vor 20 Jahren geschrieben
hätte. Ob inzwischen etwas an Gelehrsamkeit und Geschmack
hinzugekommen, überlasse ich dem Urteile anderer, jedenfalls war
ich damals in der lateinischen Sprache geübter, als jetzt. . . ."
Erasmus hält nun dem Bearbeiter des Büchleins ein Register seiner
Sünden vor und fährt dann fort: „Ich beneide Hollonius nicht,
wenn er sich Gewinn verschafft hat, aber danken kann ich dem
Manne auch nicht, wenn er mich nicht anderweitig verpflichtet.
Ich weiss, dass es ein grosses Unrecht ist, unter meinem Namen
zu veröffentlichen, was mir nicht gehört, besonders wo ich noch
lebe. Aber wie Balaam nicht erschrak über die Sprache des Esels,
weil er an Wunder schon gewöhnt war, so rege ich mich auch
nicht mehr über solche Kleinigkeiten auf, da ich gegen grösseres
Unrecht schon abgestumpft bin. Lebe wohl, bester Leser!
Löwen, den 1. Januar 1519."

---

[1]) Sat. II. 1, 71.

Dieser Bericht wird noch ergänzt durch eine Stelle aus einem von Erasmus in seinem Todesjahre (1536) an den „freundlichen Leser" gerichteten Briefe[1]), die im Wortlaute also heisst:

„. . . . Lusimus quaedam adolescentes stili exercendi gratia, quaedam aliis dictavimus sic inambulantes, nihil minus cogitantes quam de evulgando; nonnulla scripsimus discipulis tardis. Huius generis erant colloquia, quae Hollonius quidam haud scio unde nactus (nam apud me nullum unquam fuit exemplar) care vendidit Joanni Frobenio, simulans alios esse typographos, qui emta cuperent . . ."

Fassen wir die aus den angeführten Nachrichten zu ziehenden Resultate kurz zusammen, so ergiebt sich folgendes: Erasmus hat während seines Aufenthaltes in Paris — wahrscheinlich für die jungen Leute, die er damals unterwies — Gesprächsformeln diktiert. Dieselben hat Augustinus Caminadus gesammelt, auf eigene Faust unter Personen verteilt, Ueberschriften gegeben und auch einige Zusätze angebracht, um dann Geschäfte mit dem Werke zu treiben. Von Caminadus hat sich Lambertus Hollonius auf irgend eine Weise ein Exemplar verschafft und durch Vermittelung des Beatus Rhenanus[2]) an den Drucker Froben teuer verkauft. Erasmus ist über das Erscheinen des Büchleins unwillig, weil viel Fehlerhaftes — eben von Caminadus — beigemischt war. Aber er macht gute Miene zum bösen Spiel, verbessert das Werk und lässt es in korrekter Form veröffentlichen. Die ganze Anlage bleibt unverändert.

Diese Gestalt behält das Werk, d. h. das uns allein angehende Gesprächbuch ohne die vielfach wechselnden Vorreden und Nachschriften, bis etwa 1522. In dem genannten Jahre widmet Erasmus seinem kleinen Patenkinde „Jo. Erasmio Frobenio", dem Söhnchen seines Druckers, eine ganz neue Ausgabe mit dem Titel:

Familiarium colloquiorum formulae, per D. Erasmum Roterodamum, multis adiectis, non tantum ad linguam puerilem expoliendam utiles, verum etiam ad vitam instituendam. Apud inclytam Basileam in aedibus Joan. Frob. An. M.D.XXII.

Die Widmung ist unterzeichnet: Basileae pridie Calendas Martias, Anno MDXXII. Sie beginnt, was zur Unterscheidung von einer 1 oder 2 Jahre später geschriebenen Vorrede an denselben

---

[1]) Des. Erasmi Roterodami Opera omnia. Tom. III (Epistolae) Lugduni Bat. 1703, Sp. 1516.
[2]) Vgl. darüber einen Brief des Hollonius an Erasmus von Basel, 5. Dez. 1518: „. . . Locavimus operam nostram Frobenio typographo, qui Rhenani instantia, ut loquuntur vulgo, lubens eam conduxit."

jungen Froben bemerkt sei: „Gratularer tibi raram istam felicitatem, Erasmi suavissime . . . ." Erasmus setzt grosse Erwartungen auf sein Patenkind: „. . . . Neque vero vulgarem sustines exspectationem, ut amantissimo patri, cui vere es, quod diceris, ’ράγμος [1]), cuiusque spes omnis in te uno sita est, ut Beato Rhenano mihique respondeas, qui tuo nomine fideiussimus in baptismo, ut Guolphango Capitoni, quo fideiussere confirmationis sacramentum accepisti u. s. w." Was das Werk selbst angeht, das diesem hoffnungsvollen Knaben gewidmet wird, so war dasselbe früher eigentlich nur eine Aneinanderreihung von Phrasen gewesen. Die wirkliche Dialogform war nur im grossen Stile durchgeführt, am meisten noch bei dem Mahle gegen den Schluss. An vielen Stellen aber war die Verteilung der Formeln unter verschiedene Personen nur ein rein äusserliches Beiwerk des Caminadus gewesen. Was aber nunmehr hinzugekommen, waren wirkliche Gespräche statt blosser Gesprächsformeln, und neben dem didaktischen Zwecke, dem das Büchlein von Haus aus zu dienen bestimmt war, machte sich jetzt in dem Werke immer absichtlicher ein anderer Charakter bemerkbar, der sich selbst schon unter den Formeln an manchen Stellen verraten hatte: der Charakter der Satire. Es ist bekannt, dass Erasmus, schüchtern und vorsichtig von Natur, niemals frank und frei in männlichem Zorne einem Gegner entgegenzutreten, sondern mit der sicher geführten Waffe des Witzes und Spottes tiefere und verletzendere Wunden zu schlagen liebte. Für diese Gefechtsart bot ihm die Form der Gespräche willkommenste Gelegenheit. Hier konnte er fremden Personen den bissigsten Spott über zwieträchtige Fürsten, adelige Schlemmer, knauserige Geldprotze, rohe Soldaten, unverständige Lehrer und mit besonderer Vorliebe über dumme liederliche Mönche in den Mund legen, ohne mit eigener Person auf den Kampfplatz treten zu müssen. Aber zwischen den Zeilen blickt doch immer triumphierend das Gesicht des kleinen schmächtigen Männchens hervor. —

Zu Anfang hat das Werk nach einigen einleitenden Bemerkungen über das Grüssen auch noch eine Reihe von Formeln mit den Ueberschriften: Blandior salutatio inter amantes, honoris gratia aut secus, in tertia persona, alia forma; Bene precandi formulae gravidae, convivis, sternutanti, auspicanti quippiam; Vale in digressu; Salutare per alium; Reducem quomodo salutare oporteat. — Mit dem Kapitel Percontandi formulae in primo congressu beginnen wirkliche Gespräche, wiewohl noch manche Reden und Antworten in mehreren Fassungen gegeben sind: Livinus begrüsst Georg nach langer Abwesenheit, er kommt „e collegio

---

[1]) έράσμιος, ον = lieblich, anmutig.

montis acuti¹)", statt mit Wissenschaft, mit Läusen beladen. Aus Paris bringt er die wunderbare Nachricht, dass Beta vernünftig sei und Quercus predige.²) (Alia:) Georg erkundigt sich, wie es Livinus die Zeit über gegangen. Einmal ist dieser immer wohlauf gewesen, ein anderes Mal ist er von Krankheit heimgesucht (Male valere). Alle Aerzte haben ihm nicht helfen können. So hätte er bei Gott Hülfe suchen sollen, meint Georg, viele seien in der Kutte der Dominikaner oder Franziskaner wieder genesen. „Dasselbe würde vielleicht der Fall gewesen sein", wirft Livinus spöttisch ein, „wenn sie den Mantel eines Kupplers angezogen hätten."

(Alia:) Livinus erzählt, dass Frankreich grosse Kriege drohten. „Woher?" fragt Georg. „Woher anders", antwortet Livinus, „als von der Thorheit der Mönche?" — Nunmehr wechseln die Personen. Cyprian kehrt blass und aufgerieben von einer Reise zurück. Am britannischen Gestade hat er mit seinem ganzen Gelde Schiffbruch gelitten. Moritz sucht ihn zu trösten.

(Alia:) Claudius erkundigt sich nach den Erlebnissen des Balbus, der sich freut, dass er aus Frankreich heraus ist, wo alles im Kriegszustand sei. Er hat Französisch gelernt und spricht auch das Lateinische französisch aus. Die Pest lässt in Paris zuweilen nach, um sich dann wieder zu verschlimmern.

(Domestica confabulatio:) Peter holt Jodocus, der immer über den Büchern sitzt, zum Spaziergang ab.

(Alia:) Aegidius erzählt Leonhard von seinen häuslichen Verhältnissen, von seiner Frau, die ihm Zwillinge geboren — er stösst bei dieser Gelegenheit den Seufzer aus: „Ach, wenn doch das Glück das Geld so vermehrte, wie das Weib die Familie!" —, von seinen beiden Töchtern, von denen die jüngere keinen Mann bekommen könne, die ältere keinen wolle, weil sie sich Christus zu vermählen entschlossen sei u. s. w.

(Alia:) Mopsus lädt Dromo zu seiner Hochzeit ein. Dromo stichelt auf seinen Geschmack: Schwarzes Haar, platte Nase, grossen Mund und vorstehenden Leib! Mopsus bemerkt, dass er für sich die Frau auserwählt, nicht für andere.

(Alia:) Syrus verlacht Geta wegen seines ewigen Studierens. —

¹) Das Pariser Collegium Montaigu hatte Erasmus selbst besucht und verabscheuen gelernt. Er sagt in seiner kurzen Selbstbiographie (Vita Erasmi Erasmo autore, späteren Ausgaben der Colloquia, z. B. Ulmae 1712, vorgedruckt): „Illic (zu Paris) in collegio montis acuti ex putridis ovis et cubiculo infecto morbum concepit." In einem der späteren Gespräche, der Ἰχθυοφαγία, wird die ganze Geschichte erzählt.

²) Die Namen Beta und Quercus sind aus dem Pflanzenreich fingiert. Beta = Beete, Mangold. Betae fatuae dicuntur, quia per se insipidae sunt, nisi condiantur, cfr. Martial XIII, 13 (Forcellini). Es sei auch an das Sprichwort „Beta insipidior" erinnert.

Die folgenden Abschnitte „Cur non visis?" und „Non licuit per occupationes" sind, nur etwas erweitert, aus den früheren Ausgaben übernommen. (Mandandi ac pollicendi:) Jakob bittet Sapidus, eine Sache sorgfältig zu betreiben. Dieselbe gelingt denn auch (Successus). Jakob bedankt sich (Gratia), Sapidus erklärt, dass er nur seine Schuldigkeit gethan (Responsio).

Mit dem folgenden Kapitel beginnen wieder längere Gespräche. Von hier an haben die Dialoge bei Horawitz eine eingehende Analyse erfahren, weshalb ich mich darauf beschränke, die Ueberschriften anzuführen und in Klammern die Stelle beizufügen, wo Horawitz die Gespräche behandelt hat. Nur einige wenige, welche dem Schülerleben entnommen sind und uns unmittelbar angehen, sollen kurz ausgezogen werden.

Alia in congressu (Horawitz a. a. O. S. 63/4), Alia (Hor. S. 64), Alia, Militaria (Hor. S. 65), Herilia, Alia, Alia (Hor. S. 65/6).

(Monitoria:) Der Pädagoge giebt einem scheinbar noch wenig kultivierten Schüler Unterweisungen für sein Verhalten beim Sprechen mit angesehenen Personen („Immer achtungsvoll auf den schauen, der mit dir spricht, Füsse geschlossen, Hände ruhig! Nicht mit den Schienbeinen wackeln, nicht mit den Händen gestikulieren, nicht Lippen beissen, Kopf kratzen u. dergl."), beim Begegnen auf der Strasse, beim Vorübergehen an einer Kirche, beim Mahle u. s. w. (Hor. S. 66).

(De lusu:) Die Schüler erlangen durch einen pfiffigen Abgesandten von ihrem griessgrämigen Lehrer („eher kann man dem Herkules die Keule aus der Hand reissen, als von ihm etwas erreichen") die Erlaubnis zu spielen unter der Bedingung, dass sie in Haufen (gregatim) im Felde zusammenbleiben und nicht zum Wirtshaus oder noch schändlicheren Orten gehen. Es werden folgende Spiele veranstaltet (Hor. S. 67/8):

1) PILA. Die Knaben teilen sich in 2 Parteien. Diejenige, welche 3 Spiele gewonnen, erhält ¼ Drachme, aber unter der Bedingung, dass von dem gewonnenen Gelde ein gemeinsames Mahl gegeben wird. Es gilt, den von der feindlichen Partei geworfenen Ball aufzufangen und zurückzutreiben. [1] — Auch vom Werfen auf das Dach ist einmal die Rede. [2]

---

[1] Diese jetzt noch übliche Spielart ist die alte „ἐπίσκυρος, ἐπίσκυρη, ἐπίσκυρος;" der Griechen. Vgl. Grasberger a. a. O. S. 89/90, ausserdem E. L. Rochholz, Alemannisches Kinderlied und Kinderspiel aus der Schweiz. Gesammelt und sitten- u. sprachgeschichtlich erklärt, Leipzig 1856 S. 390, woselbst eine eingehende Beschreibung gegeben wird, und Jgn. V. Zingerle, Das deutsche Kinderspiel im Mittelalter, in den Sitzungsberichten der Wiener Akademie. Phil. hist. Cl. 57 (1867) S. 146.

[2] Man vergleiche „das Vigoli" bei Rochholz a. a. O. S. 388: Ein durch Auszählen bestimmter Knabe schleudert den Ball aufs Hausdach und ruft nun zugleich denjenigen der Mitspieler aus, der ihn aufzufangen hat, während alle Uebrigen entspringen. Hat der Herbeigerufene den Ball gefangen, so müssen auf seinen Ruf Vigoli! alle stehen bleiben, und er sucht den Nächststehenden im Wurfe zu treffen u. s. w. Vgl. auch S. 395.

2) LUDUS GLOBORUM MISSILIUM. Dieses Spiel spielen nur 2 Knaben. Es wird beschlossen, statt um Geld um die Ehre der Nationen zu streiten. Adolf ist Franzose, Bernhard Deutscher. Der Besiegte muss dreimal das Vaterland des Gegners hochleben lassen. Die Spieler bekommen 2 gleich grosse Kugeln; es handelt sich darum, wer die seine zuerst bis zu einem bestimmten Ziele getrieben hat. Adolf zieht den Kürzeren und ruft dreimal: Floreat Germania!

3) LUDUS SPHAERAE PER ANNULUM FERREUM.[1]) Es spielen Kaspar und Erasmus. Der Besiegte hat ex tempore ein Distichon auf den Sieger zu machen und herzusagen. Viermal wird geworfen, eine bestimmte Linie darf nicht überschritten werden. Wer eine Kugel von ihrer Stelle schiebt, verliert das Recht zu werfen. Kaspar: „Siehe, ich habe Dir das Thor versperrt." Erasmus: „Aber ich werde Dich heraustreiben. . . ." Kaspar: „Das wirst Du nicht anders können, als wenn Du die Kugel so vor die Wand wirfst, dass sie auf die meine zurückfliegt u. s. w." Erasmus siegt.

4) SALTUS. Die Spieler heissen Vincenz und Lorenz. Sie beginnen mit der einfachsten Art, dem Heuschrecken- oder Froschsprung, mit beiden Beinen, aber geschlossenen Füssen. Darauf schlägt Vincenz Springen au einem Beine vor, das Lorenz jedoch ebenso wenig behagt, wie das Stützen auf einen Stab.[2]) Lorenz besteht auf einem Wettlaufe und beruft sich auf die Empfehlung des Aeneas bei Vergil.[3]) Endlich rät er noch, bei der grossen Hitze ein Bad zu nehmen. Vincenz kann jedoch nicht schwimmen, er sei ein Landtier, keine Amphibie. —

Es folgt Confabulatio pia (Hor. S. 67/8), dann Venatio und hierauf wieder 2 Gespräche aus dem Schülerleben:

---

[1]) Es ist das Spiel, das Aeneas Sylvius im Jahre 1438 in Basel sah und also beschreibt: „Auf den grünen Rasenplätzen der Stadt . . . tummelt sich die Schar der Jünglinge zu Erholung und Spiel. Hier üben sie Wettlauf, Kampfspiel und Pfeilschiessen. Einige zeigen ihre Kraft im Steinstossen, andere spielen Ball. Doch nicht auf italienische Weise. Sie hängen vielmehr auf dem Spielplatze einen eisernen Ring auf und wetteifern, den Ball hindurch zu werfen. Sie treiben dabei den Ball mit einem Holz an, nicht mit der Hand. Die übrige Menge singt indessen Lieder und windet Kränze den Spielenden." Vgl. Rochholz a. a. O. S. 885 und nach ihm Zingerle a. a. O. S. 148, ferner H. Handelmann, Volks- und Kinderspiele der Herzogthümer Schleswig-Holstein und Lauenburg. Kiel 1862, S. 13. Das Spiel wird uns unten bei Schottennius, Dialog 48 und Zovitius, 7—13, noch wiederbegegnen.

[2]) Ueber das schon aus dem Altertume bekannte Hüpfen (Ἀσκωλιάζειν ἀσκωλιαζω?) vgl. Grasberger a. a. O. S. 36 ff. Ueber das Springen am Stock ebenda S. 127. Der Froschsprung begegnet uns wieder bei Barlandus, Zusätze vom Aug. 1524, Nr. 6.

[3]) Vergil, Aeneis 5, 291. Ueber das Ziellaufen vgl. Handelmann a. a. O. S. 16.

(Euntes in ludum litterarium:) Johannes rennt Hals über Kopf zur Schule, denn wenn er vor dem Ablesen des Schülerverzeichnisses nicht zur Stelle ist, ist es um seine „Haut" geschehen. Sylvius beruhigt ihn, dass es erst eben 5 Uhr geschlagen. Aber Johannes hat noch mehr Sorge, er befürchtet seine Lektion vom vorigen Tage nicht ordentlich auswendig zu können, und der Lehrer schone dann seine „nates" nicht mehr, als wenn sie von Rindsleder wären. Sylvius weiss wieder Trost, der Lehrer würde heute garnicht in der Schule sein, aber er richtet mit seinen wohlgemeinten Worten noch grösseres Unheil an. „Was für einen Stellvertreter hat denn der Lehrer bestimmt?" fragt Johannes voll Spannung. „Den Cornelius" antwortet Sylvius, und wie er das Wort gesprochen, ruft Johannes bestürzt aus: „Den Schieler? dann wehe unserem —! Der schlägt noch mehr, als Orbilius!" — Gleich darauf erscheint Johannes auf einmal wie umgewandelt, es fällt ihm ein, dass er auf seine Lehrer nicht schimpfen dürfe, da es seine Sache sei, sich durch fleissiges Repetieren vor Strafe zu bewahren.

(Alia:) Hier handelt es sich um Vorbereitungen zum Schreiben. An einer Stelle giebt Cornelius dem Andreas, dessen Tintenfass ausgetrocknet ist, den Rat: „Immunge, nisi mavis immeiere!"

Das nächste Kapitel mit der Ueberschrift „Agendi gratias form" ist uns schon bekannt. Die ganze folgende Partie bis zur „Praeceptio de copia" einschliesslich ist mit wenigen Zusätzen aus den früheren Ausgaben herübergenommen. Die Beschreibung der Mahlzeit führt später den Titel „Convivium profanum" (Hor. S. 69). Nach demselben folgt in unserer Ausgabe noch ein „Convivium religiosum" (Hor. S. 69 ff.) und eine Apotheose Reuchlins unter der Ueberschrift „Pompilius, Brassicanus. De incomparabili heroe Ioanne Reuchlino in divorum numerum relato" (Hor. S. 73).

Neue Zusätze brachte Froben im Monat August des Jahres 1523:

Familiarium colloquiorum formulae, per D. Eras. Rot. multis adiectis, non tantum ad linguam puerilem expoliendam utiles, verum etiam ad vitam instituendam nuper recognitae ab auctore & locupletatae. Apud inclytam Basileam, in aedibus Ioan. Frob. An. M. D. XXIII. Bl. 142b: Basileae apud Io. Frob. Mense Augusto. An. M. D. XXIII.

Die neu hinzugekommenen Dialoge führen die Titel: Proci et puellae (Hor. S. 74/5). Eubuli et Catharinae [Später: Virgo μισόγαμος und poenitens] (Hor. S. 75/6), Coniugium (Hor. S. 76/7). Militis et Carthusiani (Hor. S. 77/9), Pseudochei et Philetymi (Hor. S. 79), Naufragium (Hor. S. 79/80). Diversoria (Hor. S. 80/3). Adolescentis et scorti (Hor. S. 83/4). Convivium poeticum (Hor. S. 84).

Aus der Sphäre des Schülerlebens ist Erasmus jetzt vollständig herausgetreten, um stellenweise — die Titel deuten es schon an — für die Jugend geradezu verfängliche Themata aus dem Getriebe des gewöhnlichsten Lebens zu behandeln.

Eine Frobensche Ausgabe vom September 1524 weist wieder starke Erweiterungen auf:

Familiarium colloquiorum formulae, per D. Eras. Rot. non tantum ad linguam puerilem expoliendam utiles, verum etiam ad vitam instituendam: nunc postremum auctae per autorem. Basileae apud Jo. Frob. anno M. D. XXIIII mense Septembri.

Die „Basileae. Cal. Aug. an. 1524" unterzeichnete Vorrede gilt noch dem jungen Froben, hat aber eine neue Fassung erhalten. Sie beginnt: „Vicit libellus tibi dicatus exspectationem nostram" und giebt dem Wunsche Ausdruck, dass wie das Büchlein stetig wachse, so auch der, dem es gewidmet, mit dem Fortschreiten der Jahre an Bildung und Gesittung zunehmen möchte. Bemerkenswert für den ausserordentlichen Erfolg des Werkes ist der Satz: „Ille (libellus) sic adamatur, sic rapitur, sic teritur manibus studiosae inventutis, ut et patri tuo fuerit subinde typis excudendus et mihi novis accessionibus identidem locupletandus, dicas et illum „Τρώκτων" quempiam esse deliciasque Musarum sacra colentium."

Neu sind folgende Gespräche: Inquisitio de fide (Hor. S. 84), Γεροντολογία sive ὄχημα [Senile colloquium] (Hor. S. 84/6), Πτωχοπλούσιοι [Franciscani] (Hor. S. 86/9), Abbatis et eruditae (Hor. S. 89/91), Epithalamium Petri Aegidii (Hor. S. 91/2), Exorcismus sive spectrum (Hor. S. 92), Alcumistica (Hor. S. 92/3), Hippoplanus (Hor. S. 93), Ἱπποφονία (Hor. S. 93), Convivium fabulosum (Hor. S. 93).

Eine Ausgabe von 1525 ohne Ort und Namen des Druckers hält sich noch in denselben Grenzen.

NeueZusätze bringt ein FrobenscherDruck vomFebruar 1526:

Familiarium colloquiorum opus multis nominibus utilissimum, nunc postrema cura ab autore D. Eras. Rot. recognitum, magnaque accessione auctum. Basileae an. 1526. [A. E.] Basileae apud Ioan. Frob. Mense Februario, Anno 1526.

Hinzugekommen: Puerpera (Hor. S. 93/4), Peregrinatio religiouis ergo (Hor. S. 94), Ἰχθυοφαγία (Hor. S. 97/100) und Funus (Hor. 100/3).

Ich mache darauf aufmerksam, dass hier der Titel des Werkes nicht mehr „Familiarium colloquiorum formulae", sondern „Familiarium colloquiorum opus" heisst.

Auch eine Ausgabe von 1527 kündigt wieder einige Gespräche an, „welche vorher noch nicht gedruckt":

Familiarium colloquiorum Des. Erasmi Roterodami opus multis nominibus utilissimum, adiectis aliquot colloquiis antehac non excusis. Basileae an. M. D. XXVII. [A. E.] Basileae apud Io. Frob. Anno. M. D. XXVII.

Neu: Echo (Hor. S. 103), Ἀνισοδαιτία [Dispar convivium] (Hor. S. 103) und De rebus ac vocabulis (Hor. S. 103). Dazu sind noch Scholien angehängt über einige schwierigere Stellen der Colloquia und ein Brief des Erasmus „De utilitate colloquiorum." unterzeichnet: An. MDXXVI. XII cal. Iuniaa Basileae, ein Verteidigungsschreiben gegen die hitzigen Angriffe der schwer gekränkten Gegner.

Im Jahre 1529 bot Froben folgende neue Ausgabe:

Familiarium colloquiorum Des. Erasmi Roterodami opus, multis nominibus utilissimum, nuper ab autore correctum, cum accessione colloquiorum aliquot, quae nunc primum nova prodeunt. Item Ciceronianus eiusdem, per eundem emendatus & auctus, cum nonnullis aliis. Froben. Basileae an. M. D. XXIX.

Hinzugekommen sind: Charon (Hor. S. 103), Synodus grammaticorum (Hor. S. 103), Ἄγαμος γάμος sive coniugium impar (Hor. S. 103/5), Impostura (Hor. S. 105), Cyclops sive Evangeliophorus (Hor. S. 105), Ἀπροσδιόνυσα sive absurda (Hor. S. 105), Ἱππεὺς ἄνιππος sive ementita nobilitas (Hor. S. 106), Ἀστραγαλισμός sive talorum lusus (Hor. S. 106). Senatulus sive γυναικοσυνέδριον (Hor. S. 106).

Bis zum Januar 1530 waren noch hinzugefügt:

Diluculum (Hor. S. 106 7), Νηφάλιον συμπόσιον (Hor. S. 107) und Ars notaria (Hor. S. 107). Wir ersehen das aus einer in dem genannten Monate erschienenen Separat-Ausgabe derjenigen Gespräche, welche seit dem Jahre 1527 angehängt waren:

Familiarium colloquiorum, Des. Erasmi Roterodami formulae, Ab Anno Domini, M. D. Vicesimo Septimo, veteribus additae. In commodum eorum, qui priores habent, separatim editae etc. Argentorati, Apud Christianum Aegenolphum. [A. E.] Argentorati apud Christ. Egenolph. Mense Januario. Anno. M. D. XXX.

Wahrscheinlich war kurz vorher auch ein Frobenscher Druck mit den neuen Zusätzen erschienen, der jedoch jetzt nicht mehr nachzuweisen ist.

Im September 1531 lieferte Froben folgende Ausgabe: Familiarium colloquiorum Des. Erasmi Roterodami opus ab autore postremum diligenter recognitum, emendatum, & locupletatum, adiectis aliquot lectu dignis colloquijs. Cum indice. Froben Basileae M. D. XXXI. Mense Septembri. [A. E.] Basileae in officina Frobeniana per Hieronymum Frobenium & Nicolaum Episcopium, Anno M. D. XXXI. Mense Sept.
Neu: Conciosive Merdardus (Hor. S. 107,8), Philodoxus (Hor. S. 108), Opulentia sordida (Hor. S. 108), Exequiae seraphicae (Hor. S. 108/9), Amicitia (Hor. S. 109). Auch ein alphabetischer Index der Gespräche ist zugefügt.

Im März 1533 liegt das Werk abgeschlossen vor in folgendem Frobenschem Drucke:
Familiarium colloquiorum etc. wie 1531. Basileae M. D. XXXIII. Mense Martio. [A. E.] Basileae in officina Frobeniana per Hieronymum Frobenium & Nicolaum Episcopium, Anno M. D. XXXIII. Mense Martio.
Die letzten Zusätze führen die Titel Problema (Hor. S. 109) und Epicureus (Hor. S. 109).

Beim Abschiede legt Erasmus dem Leser dringend die sokratische Weisheit ans Herz, „dass alles Glück nur aus der inneren Zufriedenheit, diese aber wieder nur aus der Tugend, die um ihrer selbst willen erstrebt wird, erfliesse" (Hor. S. 109). Selbst in der bittersten Satire hat ihm der hohe ethische Zweck vor Augen geschwebt, „im wahren Christentum und der Bildung des Geistes" der verdorbenen Menschheit ein Mittel der Besserung an die Hand zu geben. — Ueber die Angriffe, welche sich Erasmus trotz dieser löblichen Tendenz seines für die Gegner allerdings bis auf's Blut und oft über Gebühr verletzenden Werkes zugezogen hat, über das Verdammungsurteil der Sorbonne vom 26. Mai 1526 u. s. w., über die Verfolgung in England und in Spanien, über den Aerger, den schon vorher der Dominikaner Lambert Campester zu Paris durch Veranstaltung einer verstümmelten Ausgabe der Colloquia (mit Ausmerzung aller für die Mönche irgendwie verletzenden Stellen und Hinzufügung eines in jämmerlichem Latein geschriebenen Briefes unter dem Namen des Erasmus) diesem bereitet hatte, über den Traktat, mit welchem Erasmus dem Mönche heimzahlte u. s. w., hat Horawitz schon die wichtigsten Nachrichten beigebracht. Von dem Erfolge des Werkes andererseits, den alle Angriffe nicht aufzuhalten imstande waren, macht ein Blick in die oben zitierte Bibliotheca Erasmiana mit einem Verzeichnisse von

246 Gesamt- und 150 Einzel- oder Auswahl-Ausgaben (die Uebertragungen ins Englische, Französische, Italienische, Deutsche, Holländische u. s. w. mit eingerechnet) den besten Begriff. — Leider bin ich nicht in der Lage, eine nur einigermassen befriedigende Aufstellung der Schulen zu geben, für die der Gebrauch der für diesen Zweck natürlich sorgfältig ausgewählten Colloquia beim Unterrichte angeordnet war, da das Material, das hier Auskunft geben könnte, Schulordnungen, Stundenpläne, Visitationsprotokolle, Tagebücher usw., in der Weise überallhin verstreut ist, dass eine wenn auch nicht einmal vollständige Zusammentragung für mich mit übergrossen Kosten und jahrelangen Mühen verbunden sein würde. Aber ich will wenigstens hier aus J. Müllers schon wiederholt zitierten „Vor- und frühreformatorischen Schulordnungen", aus Reinhold Vormbaums „Evangelischen Schulordnungen" (3 Bde., Gütersloh 1860 ff.), sowie aus den bislang erschienenen Bänden der „Monumenta Germaniae paedagogica" und der „Mitteilungen" unserer Gesellschaft die betreffenden Stellen anführen.[1]) Wir werden bemerken, dass die Colloquia Erasmi mit Vorliebe im Anschluss an die Paedologia des gleich zu nennenden Petrus Mosellanus vorgenommen sind, so dass die anzuführenden Stellen zugleich auch als Belege für diesen dienen können. Den Gebrauch des Buches ordnen an[2]):

Die Zwickauer Schulordnung, 1528 (für die 5. Klasse). Vgl. Müller a. a. O. S. 251 ff.

Die Kursächsische Schulordnung, 1528 (für den 2. Haufen, der lesen kann und nun Grammatik lernen soll: im Anschluss an die Paedologia Mosellani. Von den Colloquien sollen ausgewählt werden, „die den Kindern nützlich und züchtig sind." Vgl. Vormbaum a. a. O. I, S. 6 und K. Hartfelder, Philipp Me-

---

[1]) Wenn die von mir bereits mit Erfolg ins Leben gerufene Gruppenbildung weiter fortgeführt und abgeschlossen sein wird, und wenn von sämtlichen Gruppen Deutschlands, Oesterreichs und der Schweiz die beabsichtigten Bibliographieen über die historisch-pädagogische Litteratur der einzelnen Territorien vorliegen, werden befriedigende Zusammenstellungen über Ort, Zeit und Art der Benutzung dieser Schulbücher sich ermöglichen lassen. — So lange aber diese Bibliographie, das allernotwendigste Hilfsmaterial für eingehendere Forschungen, fehlt, wird nur Stückwerk gegeben werden können. K. Kehrbach.

[2]) Uebrigens sei hier bemerkt, dass es noch kein zureichender Beweisgrund für die thatsächliche Benutzung eines Schulbuches ist, wenn seine Verwendung in der Hand des Schülers oder Lehrers durch eine Schulordnung angeordnet worden ist, da viele Vorschriften in Wirklichkeit leider nicht ausgeführt worden sind. K. Kehrbach.

lanchthon als Praeceptor Germaniae. Berlin 1889 (= M. G. P. Bd. 7) S. 421 ff.

Die Schulordnung aus der Hamburger Kirchenordnung. 1529 (für die 2. Klasse im Anschluss an die „Paedagogia" [sic!] des Mosellanus. Für die grösseren Schüler wird es als eine nützliche Uebung bezeichnet, „wenn man se Comödien spelen leth edder edlicke Colloquia Erasmi). Vgl. Vormbaum. a a. O. I, S. 19 ff.

Die Schulordnung aus der Wittenberger Kirchenordnung, 1533 (im Anschluss an die Paedologia Mosellani). Vgl. Vormbaum a. a. O. I. S. 29 und K. Hartfelder a. a. O. S. 427.

Der Lehrplan des Martineums zu Braunschweig, 1535 (für die 1. Klasse). Vgl. F. Koldewey, Braunschweigische Schulordnungen. Bd. 1 (=M. G. P. Bd. 1) S. 49.

Der Lehrplan der Aegidi-Schule zu Braunschweig, 1535 (für die 2. [ev. dafür die Paedologia Mosellani] und 1. Klasse). Vgl. Koldewey a. a. O. 1, S. 57.

Die Schulordnung aus der Schleswig-Holsteinischen Kirchenordnung, 1542. Vgl. Vormbaum a. a. O. I, S. 41.

Die Schulordnung aus der Braunschweigischen Kirchenordnung. 1543 (für die 2. Klasse im Anschluss an die Paedologia Mosellani). Von den Colloquien sollen ausgewählt werden, „de sunderlike Art hebben unnd de besten sind." Vgl. Vormbaum a. a. O. 1, S. 45 und Koldewey a. a. O. II. S. 14.

Die Schulordnung aus der Kölnischen Kirchenordnung. 1543 (für die 2. Klasse zusammen mit den Dialogi Mosellani). Vgl. Vormbaum a. a. O. I. S. 405.

Die Schulordnung aus der Mecklenburgischen Kirchenordnung. 1552 (die 2. Klasse soll etliche liebliche Colloquia Erasmi lesen). Vgl. Vormbaum a. a. O. I. S. 63.

Die Magdeburger Schulordnung, 1553 (für die 4. Klasse. ev. dafür die Paedologia Mosellani). Vgl. Vormbaum a. a. O. 1. S. 415.

Die Schulordnung des Martineums zu Braunschweig, 1562 (für die 4. Klasse. zusammen mit der Paedologia Mosellani). Vgl. Koldewey a. a. O. 1. S. 107.

Die Brandenburger Schulordnung, 1564 (Dialogi aliquot familiarium Colloquiorum Erasmi aut Ludovici Vivis empfohlen). Vgl. Vormbaum a. a. O. I. S. 530.

Die Breslauer Schulordnung, 1570 (die Formulae salutandi, valedicendi, gratulandi zu Anfang der Colloquia empfohlen). Vgl. Vormbaum a. a. O. I. S. 192 und 196.

Die Brieger Schulordnung, 1581: (Für die 4. Klasse. „Hora octava exigatur a pueris recitatio Dialogorum, atque ita instituatur, ut bini sibi invicem oppositi conferant et inter se colloquantur. Quo libello absoluto proponantur pueris similes latine loquendi formulae: Quales sunt Erasmiacae salutandi et bene precandi, invitandi ad convivia, consecrandi potum, colloquendi in Mensa, petendi quippiam a praeceptore et similes formulae." Vgl. Vormbaum a. a. O. 1. S. 304.

Die Ordnung des Gymnasiums zu Moers, 1635. (Auf der 4. Klasse mit den leichteren Dialogen zu beginnen, Lektüre bis zur 2. Klasse fortzusetzen). Vgl. Vormbaum a. a. O. II. S. 281/2.

Die Ordnung des Gymnasiums zu Halle, 1661. (Die unteren Klassen sollen „Latino-germanicas formulas Sebaldinas et colloquia nonnulla Erasmica et Corderiana et Ludovici Vivis" wenn nicht auswendig, so doch aus den Büchern vorlesen können. Die Fortgeschritteneren sollen „Terentianas scenas et colloquia quaedam Erasmi notiora, ut Monitoria paedagogica, Herilia iussa, Diluculum, distributis personis crebro repraesentare.") Vgl. Vormbaum a a O. II, S. 552/3.

Die Güstrowsche Schulordnung, 1662 (für die 2. Klasse). Vgl. Vormbaum a. a. O. II. S. 594.

Der Plan für die Errichtung der Realschule zu Königslutter (Braunschweig), 1745 (für die mittlere und obere Klasse; man soll die besten der Colloquia auslesen). Vgl. F. Koldewey, Schulordnungen der Stadt Königslutter, in den Mitteilungen unserer Gesellschaft, Jahrg. 4 (1894) S. 140, 142, 143 und 146.

Im Philanthropin zu Dessau las man nach einem Bericht Feders vom 3. Februar 1782 die Gesprächbücher in folgender Reihenfolge: 1) Corderi, 2) Vivis, 3) Erasmi colloquia Vgl. O. Frank, Beiträge zur Geschichte des Philanthropins zu Dessau aus dem handschriftlichen Nachlasse desselben, in den Mitteilungen Jahrg. 2 (1892) S. 201.

7) Petrus Mosellanus.

Paedologia.

Peter Schade, von der Lage seines Heimatsdorfes an der Mosel: Mosellanus, von dem Namen desselben, Bruttig oder Proteg: Protegensis zubenannt, wurde im Jahre 1493 als jüngster Sohn armer Winzer geboren. Unter vielen Entbehrungen aufgewachsen und zu Beilstein, Luxemburg, Limburg und Trier in den Anfangsgründen der Wissenschaft unterrichtet, konnte er dank der Unterstützung seines Grossvaters Johannes Schade in Kochem 1509 die Universität Köln beziehen, wo er sich namentlich an die damals dort weilenden Humanisten Hermann von dem Busche und Johannes Caesarius anschloss und von dem letzteren in das Studium des Griechischen eingeführt wurde. Als der Sachse Kaspar Borner den eifrigen Jüngling, welcher schon Privatschüler um sich zu sammeln begann, kennen lernte, tauchte in ihm der Gedanke auf, die junge Kraft für sein Vaterland zu gewinnen, und er wusste Mosellanus zu bewegen, dass er mit ihm im Winter bei grimmiger Kälte zu Fuss nach Sachsen pilgerte, zunächst über Leipzig nach Freiberg zur Schule des alten Rhagius Aesticampianus, bei dem es ihm jedoch so wenig behagte, dass er schon bald nach Leipzig übersiedelte und sich vorläufig — es war im Sommersemester 1515 — auf der Universität inskribieren liess. Seine Hoffnung, dort eine Stelle als Lehrer des Griechischen zu finden, scheiterte vor der Hand, da eine solche schon mit dem Engländer Richard Crocus besetzt war. Als dieser jedoch im Jahre 1517 in seine Heimat zurückkehrte, verlieh Herzog Georg dem ihm empfohlenen Mosellanus die frei gewordene Dozentenstelle, welche derselbe mit einer berühmten Rede „De variarum linguarum cognitione" antrat. Aber auch schon während der Zeit des Harrens war Mosellanus unermüdlich für die Wissenschaft thätig gewesen, durch Erklären von griechischen und lateinischen Schriftstellern vor einem Kreise von Privatschülern und durch Veröffentlichung mehrerer kleiner praktischer Schulschriftchen. Unter diesen war auch das Gespräch-

büchlein, die Paedologia. Mosellans Biograph O. G. Schmidt[1])
giebt an, dass dieselben 1518 herausgegeben wären, aber, obwohl
auch ich keine frühere Ausgabe zu Gesicht bekommen habe, glaube
ich doch annehmen zu müssen, dass bereits 1517 ein Druck erschienen ist. Zunächst heisst es im Titel einer späteren Helmstedter
Ausgabe von 1706 (Unten im bibliograph. Verz. No. 60) „Post
primam Lipsiae, MDXVII et secundam Smalcaldiae, MDLXXXVI,
editio tertia." Diese ganze Angabe klingt allerdings etwas wunderbar, wenigstens ist kaum zu begreifen, dass der Herausgeber von
den zahlreichen früheren Ausgaben nur zwei gekannt haben soll.
Oder soll mit der „secunda Smalcaldiae" die zweite der zu
Schmalkalden erschienenen Ausgaben bezeichnet sein? Dieselbe
erschien nämlich nach der ersten von 1566 (Bibl. Verz. No. 55)
wirklich im Jahre 1586 (Bibl. Verz. No. 58). Worauf gründete
sich dann aber die Zählung nur dieser Ausgaben bei „editio
tertia"? Das Datum 1517 für den ersten Druck findet aber noch
eine anderweitige Bestätigung, in dem Umstand nämlich, dass in
einer ganzen Reihe von Ausgaben (z. B. Bibl. Verz. No. 8, 14,
18. 19. 27. 34. 43. 57 u. a.) die Vorrede des Mosellanus an
Johannes Poliander, Rektor der St. Thomas-Schule zu Leipzig, die
Unterschrift trägt: Lipsiae ipsis feriis Divi Mathei Apostoli. Anno
domini &c. M. D. XVII. während die anderen merkwürdigerweise
denselben Tag des Jahres 1518 nennen.[2])

---

[1]) Oswald Gottlob Schmidt, Petrus Mosellanus. Ein Beitrag zur Geschichte des Humanismus in Sachsen. Leipzig 1867. S. 24. Vgl. auch den Artikel von Ludwig Geiger in der Allgemeinen deutschen Biographie.

[2]) Verzeichnis der nachweisbaren Ausgaben:
An den Anfang setze ich ausnahmsweise zwei ohne Ort und Jahr erschienene Drucke, weil dieselben offenbar zu den ältesten Ausgaben gehören. Wenn man sie „Lipsiae 1518" zitiert findet, so beruht diese Angabe jedoch auf Verwechselung mit dem Datum eines am Schluss abgedruckten Privilegiums des Magistrats von Leipzig, welches den Buchdruckern und Buchhändlern bezüglich der Werke Mosellans vorschreibt, „ne quisquam in hac nostra civitate intra quattuor annos a singulorum operum editione computandos primariam editionem sine authoris ipsius consensu imitetur neve eadem opuscula aliunde advecta hic venditet." Dieses Privilegium ist unterzeichnet: Datae in curia nostra urbis Lipsensis pridie Calendas Octobris, Anno. M. D. XVIII.

1) Paedologia " Petri Mosellani Prote" genesis in puerorum usum | conscripta. | Hieronymus. / Non sunt contemnenda quasi parva, ' sine quibus magna constare non " possunt. | Bl. 1ᵇ: PETRUS MOSELLANUS, IOANNI . POLIANDRO, LIPSIAE APUD DIVUM THOMAM LUDI | MAGISTRO SUO, S., | Bl. 19ᵇ, Z. 9: Consules, Senatusque Lipsensis omnib., et sin ǰ gulis has tabulas inspecturis Salutem. O. O. u. J. 20 Bll. Bis auf die vier ersten Zeilen des Titels lateinische Typen. 1°. [Paul B. Münster],

Das Büchlein umfasste ursprünglich 35 Dialoge, zu welchen aber schon früh, spätestens seit 1520, 2 hinzugefügt wurden, einer zwischen 9 und 10 und einer am Schluss.

1) Kaspar und Modestus sehnen den nächsten Markttag herbei, an welchem sie Boten aus der Heimat erwarten. Der eine hofft auf Geld, der andere auf Stoff zu einem Winteranzug.

2) Michael hat Namenstag, kann aber trotz Oswalds Drängen nichts zur Feier des Tages geben, weil er sein Geld von Hause noch nicht erhalten hat.

3) Peter wird plötzlich durch einen Brief des Vaters ohne Angabe des Grundes von den ihm so lieb gewordenen Studien abberufen. Wenn

2) PAEDOLOGIA PETRI MO ̹ SELLANI PROTEGEN ̹ SIS IN PUERORUM USUM CON ̹ SCRIP ̹ TA. ̹ Hieronymus etc. Bl. 1 ᵇ; PETRUS MOSELLANUS etc. Bl. 19ᵇ. Z. 9 : Consules etc. O. O. u. J. 20 Bll. lat. Typen. (U. B. Strassburg), 8) Leipzig, Melchior Lotter, 1518 (vgl. Schmidt a. a. O. S. 24 u. 86, St. B. Augsburg, U. B. Breslau). [NB. Panzer zitiert im Register, (Vol. X, S. 528) eine Ausgabe der Paedologia: Lipsiae, Valent. Schumann, 1518. An der angezogenen Stelle (Vol. VII, S. 205, No. 676) ist jedoch eine der beiden oben beschriebenen Ausgaben o. O. u. J. — da die Zeilenabteilung fehlt, ist nicht zu unterscheiden, welche — verzeichnet. Die Angabe im Register ist auf eine Verwechselung mit der auf derselben Seite (Vol. VII. S. 205, No. 674) beschriebenen von Valentin Schumann 1518 besorgten Ausgabe von Mosellans Schrift „De variarum linguarum cognitione paranda" zurückzuführen], 4) Mainz 1518 (U. B. Strassburg), 5) Antwerpen Michael Hillen, 1519 (K. B. Haag), 6) Leipzig 1519 (H. B. Wien), 7) Löwen 1519 (Panzer Vol. VII, S. 263, No. 50), 8) Leipzig, Lotter usw., 1520 (Paedologia, iam iterum, una cum scholijs in loco appositis, edita. Adiectis insuper dialogis duobus, quorum alter relegendae praelectionis rationem complectitur, alter de delectu Academiarum habendo, disserit. Das Privilegium in kurzer Fassung auf dem Titel.) (U. B. Breslau, Gr. Herz. B. Darmstadt, K. B. Haag, H. u. St. B. München, U. B. München, K. B. Stuttgart), 9) Mainz, Johannes Schöffer, 1520 (Gr. Herz. B. Darmstadt, U. B. Jena), 10) Strassburg 1520 (U. B. Freiburg), 11) Erfurt, Matth. Maler, 1521 (U. B. Jena, Br. M. London, H. B. Wien), 12) Krakau 1521 (H. B. Wien), 13) Mainz, Schöffer, 1521 (B. Nat. Paris, nach Massebieau (S. 81), für den dieses der älteste zugängliche Druck war), 14) Strassburg. Johannes Knoblauch, 1521 (Hier und in Zukunft fast immer ungefügt: Dialogi pueriles Christophori Hegendorphini XII. lepidi aeque ac docti) (U. B. Freiburg, H. u. St. B. München), 15) Strassburg, Matth. Schürer, Februar 1521 (Ohne die beiden neuen Dialoge von No. 8) (U. B. München), 16) Strassburg, Matth. Schürer, Oktober 1521 (U. B. Freiburg, H. u. St. B. München, H. B. Wien), 17) Hagenau, Thom. Anshelm, 1522 (Panzer Vol. VII, S. 92, No. 198), 18) Strassburg, Knoblauch, 1522 (H. u. St. B. München), 19) Augsburg, Sigismund Grim, 1523 (H. u. St. B. München, U. B. München), 20) Deventer 1524 (St. B. Frankfurt a. M.), 21) Köln 1524 (U. B. Königsberg). 22) Antwerpen 1525 (Br. M. London), 23) Antwerpen, Hillen, 1527 (U. B. Erlangen), 24) Krakau, Hieron. Victor, 1528 (Panzer Vol. VI, S. 470 No. 189), 25) Paris 1528 (St. B. Augsburg), 26) Paris, Rob. Stephanus, 1529 (Panzer Vol. VIII, S. 124.

er auch noch nicht gewusst, wovon er den Winter über hätte leben sollen, so wäre er doch gern für die Wissenschaft betteln gegangen von Thür zu Thür. Paul weiss ihn nur mit einem „Den Eltern muss man gehorchen!" zu trösten. An eine Abschiedsfeier ist bei Peters beschränkten Finanzverhältnissen nicht zu denken.

4) Peter holt sich sogleich vom Lehrer seinen Abschied.

5) Markus begrüsst seinen alten Freund Johannes, der im Verlangen, Griechisch zu lernen, zur Universität gekommen, an welche, wie er gehört, durch die Munificenz des Fürsten Lehrer des Griechischen berufen wären [1]. In seiner Ortsschule hätte der Lehrer immer, wenn ihnen beim Unterricht einmal ein griechisches Wort begegnet wäre, sich begnügt, darauf hinzuweisen, dass das Griechisch sei, und weiter keine Silbe darüber verloren, als wenn es sie nichts anginge. Da hat sich Johannes aber gedacht, weshalb man dann die unnützen Worte nicht aus den Texten entferne. Andererseits hat er wieder gehört, dass viele angesehene Männer mit Eifer dem Studium des Griechischen oblägen. In seinem Zweifel, ob der Lehrer oder diese Männer Thoren wären, ist er auf die Stelle im Eingang von Ciceros Officien gestossen, wo der Philosoph seinem Sohne den Rat

No. 1817), 27) Strassburg, Christ. Egenolphus, 1529 (H. u. St. B. München), 28) Wittenberg 1529 (U. B. Königsberg), 29) Leipzig 1530 (K. B. Dresden), 30) Antwerpen, Mart. Caesar, 1531 (B. Nat. Paris, nach Massebieau), 31) Paris, Rob. Stephanus, 1531 (Panzer Vol. VIII, S. 146, No. 2045), 32) Augsburg, Alex. Weissenhorn, 1532 (Hier die beiden neuen Dialoge von No 8 am Schluss (H. u. St. B. München), 33) London, W. de Worde, 1532 (Br. M. London), 34) Antwerpen 1533 (U. B. Königsberg), 35) (Nürnberg), Joh. Petrejus, 1533 (H. u. St. B. München, U. B. Strassburg), 36) Paris 1534 (Br. M. London), 37) Paris, Christ. Wechel, 1535 (B. Nat. Paris, nach Massebieau), 38) Leipzig, 1537 (Schmidt a. a. O. S. 86), 39) Tiguri 1540 (U. B. Strassburg), 40) Lyon 1543 (St. B. Augsburg), 41) Ingolstadt 1544 (U. B. München), 42) Paris 1547 (K. B. Haag), 43) Paris 1548 (B. Nat. Paris, nach Massebieau), 44) (Nürnberg) 1550 (H. u. St. B. München), 45) Paris 1550 (B. Nat. Paris, nach Massebieau), 46) Mainz 1551 (U. B. Rostock), 47) Köln 1552 (St. B. Köln), 48) Leipzig 1553 (Herz. B. Wolfenbüttel), 49) Augsburg 1554 (U. B. Jena), 50) Leipzig 1558 (U. B. Rostock), 51) Leipzig, 1559 (St. B. Hamburg, defekt), 52) Leipzig 1560 (U. B. Jena), 53) Strassburg 1561 (U. B Giessen), 54) Frankfurt 1563 (K. B. Dresden, U. B. Freiburg), 55) Nürnberg 1563 (U. B. München), 56) Schmalkalden 1566 (U. B. Giessen), 57) Mainz 1570 (Schmidt a. a. O. S. 86), 58) Frankfurt 1579 (H. u. St. B. München), 59) Schmalkalden 1586 (K. B. Erfurt), 60) Bardi Pomeraniae ex officina principis 1591 (St. B. Lübeck), 61) Helmstedt 1706 (K. B. Dresden, St. B. Hamburg, B. Nat. Paris, nach Massebieau), 62) Frankfurt a. O. o. J. (K. B. Dresden, K. B. Hannover), 63) Leipzig (Nic. Faber) o. J. (K. B. Erfurt, U. B. Rostock), 64) Mainz, Schöffer o. J. (U. B. Erlangen, U. B. Freiburg). — Massebieau kennt von diesen Ausgaben nur No. 13, 30, 37, 43, 45, und 61.

[1] Es handelt sich natürlich um die Universität Leipzig. Sowohl Crocus, als Mosellanus waren von Herzog Georg als Lehrer des Griechischen an der Hochschule angestellt.

giebt, das Studium des Griechischen mit dem des Lateinischen zu verbinden. Als sich dann gar noch die Kunde von der Berufung griechischer Professoren an die Universität verbreitet hat, sind ihm die Augen völlig aufgegangen, und er hat schnell einen guten Entschluss gefasst.

6) Markus führt den Schüler gleich zum Rektor, der seinen Namen in das Rationarium einträgt. Er heisst Johannes und ist aus Aub in Ostfranken, nicht weit von Würzburg. Eine angemessene Wohnung soll ihm besorgt werden.

7) Cleanthes ist ein eifriger Schüler, aber ein armer Schlucker. Es ist ihm kaum gelungen, für das übliche „locarium" ein Winkelchen in der Schule zu erlangen. Die Nahrung muss er sich oft erbetteln. Der reiche Felix ermutigt ihn, dass gerade die Leute der niedrigsten Abkunft in den Wissenschaften oft zu den höchsten Ehren emporstiegen, wie das Beispiel eines Democritus, Cleanthes und Plautus lehre. Auch stellt er ihm in Aussicht, dass er leicht bei einem Bürger für einige kleine Dienste ein bequemes Unterkommen finden könne.

8) Andreas freut sich wie ein König auf die Ferien. Dann will er Wein lesen und keltern helfen und Vögel fangen mit Netzen, Sprenkeln und Leimruten. In Philipps Augen sind diese Beschäftigungen eines Jüngers der Wissenschaft unwürdig, er wird sicher an solcher Thorheit nicht teilnehmen.

9) Hieronymus kommt eben vom ersten Lehrer nächst dem Rektor und kann Thomas mitteilen, welche Autoren im nächsten Sommer vorgenommen werden sollen. Ausser den Grundzügen beider Sprachen, welche nach Quintilians Vorschrift gemeinsam zu lehren, sind zur Erklärung in Aussicht genommen: Terenz, Ciceros Officien und einige Bücher von Vergils Gedicht; an Sonn- und Feiertagen, damit man sich nicht ausschliesslich mit heidnischen Schriftstellern beschäftige: die Hymnen des Prudentius oder das Enchiridion militis Christiani des Erasmus. Thomas lobt diese Auswahl sehr — es sagt das nicht aus sich, sondern hat es von gelehrten Männern gehört —, diejenigen aber, welche dazu noch Apulejus und Capella oder Catull, Tibull und Martial erklärten, schienen ihm „non verbis, sed verberibus" gezügelt werden zu müssen. Hieronymus will sofort zu einem Buchladen gehen, um sich die Texte zu kaufen. Thomas, dem sein Geldbeutel keine grossen Ausgaben gestattet, fragt, wie billig sie zu haben seien. Hieronymus hat gehört, dass sie für 21 Silberlinge angezeigt wären.

10) Stephan und Lorenz denken mit Schrecken an eine lange ihnen bei Gelegenheit der ersten Messe eines jungen Priesters bevorstehende Predigt und an den ebenso langen Gesang während der heiligen Handlung. Lorenz will nach der Kirche sogleich zu den Schwellen der Reichen eilen, um wenn auch nicht zuerst, so doch zu zweit oder dritt, seine Gabe (stips) zu bekommen. „Aber mir wirst Du nicht zuvorkommen!" versichert Stephan, worauf Lorenz bemerkt, dass das der Erfolg zeigen würde.

11) Clemens und Remigius haben sich verschlafen und fühlen im Geiste schon die Rute, als Clemens ein Rettungsgedanke kommt. Ihre

Hauswirtin hat sie gestern gebeten, ihr beim Wasserschöpfen behilflich zu sein. Remigius soll nun um 8 Uhr zum Lehrer gehen, sich stellen, als wenn er mitten aus der Arbeit käme, und für sie beide um Erlaubnis bitten, aus der Schule bleiben zu dürfen. Remigius zweifelt an dem Gelingen, da an dem Tage ein feierliches Begräbnis[1]) stattfinden solle. Jedenfalls käme es auf einen Versuch an, äussert Clemens. Uebrigens würde es ihm immer am Donnerstag besonders schwer, zur Schule zu gehen, das müsse wohl der freie Nachmittag des Mittwochs mit sich bringen.

12) Burckhard und Albinus können eine Hochzeit nicht mitmachen, weil ihnen für den Tag von einem Wohlthäter ein Freibad in Aussicht gestellt und ausserdem eine Fleischverteilung angesetzt ist.

13) Sixtus und Alexander philosophieren über die Verschiedenheit der Anlagen.

14) Servius und Sulpitius müssen eiligst aufstehen; die Schelle hat das Zeichen zur Frühmesse gegeben.

15) Heinrich lädt Friedrich zum Ballspiel ein. Dieser kann den Ball jedoch weder ordentlich werfen, noch sicher auffangen. Dann schlägt Heinrich ein Kugelspiel vor. Zu diesem ist Friedrich bereit, er fürchtet aber, nichts als Gelächter zu ernten.

16) Julian verwünscht den Freitag noch mehr, als einst die Römer den Tag von Cannae. Auf die erstaunte Frage Damians, eines Neulings der Schule, erzählt Julian, dass sie an diesem Tage büssen müssten für alles, was sie die Woche über begangen. Durch heimliche Aufpasser, sogenannte Corycäer[2]), forschten die Lehrer alles aus. Das wäre vielleicht der „lupus", vermutet Damian, „von dem er in seiner Schule gehört."

17) Peter kann am Samstag Nachmittag den Sonntag nicht abwarten, an welchem er nach den Strapazen der Woche und nach zweitägigem Fasten zur Erholung und zum Fleische zurückkehren kann. Mit

---

[1]) Ueber die Teilnahme der Schüler an den Leichenbegängnissen vgl. Koldewey a. a. O. I. S. LXXIV f.

[2]) Der Name Corycäer für die heimlichen Aufpasser unter den Schülern ist von den Seeräubern herübergenommen und geht zurück auf das griechische Sprichwort „Κωρυκαῖος ἠκροάζετο l. e. Corycaeus auscultavit" (Strabo XIV. 1, 32; Suidas sub voce; auch angewandt von Cicero, Ad Attic. X. 18, 1. Vgl. A. Otto, Die Sprichwörter und sprichwörtlichen Redensarten der Römer, Leipzig 1890, S. 95). Erasmus giebt in seinen Adagia (Chil. I, Cent. II, Prov. 44. — Des. Erasmi opera omnia, Tom. II, Lugd. Bat. 1703, Sp. 87) folgende Erklärung des Sprichwortes: Corycus mons est Pamphyliae praecelsus ac portuosus atque ob id piratarum insidiis opportunus, quos ab eo monte Corycaeos vocabant. Hi novam insidiandi rationem excogitarant. Siquidem dispersi per portus Coryci montis miscebant sese negotiatoribus, ut quisque forte appulerat, subauscultantes, et quid rerum portarent, et quo navigare destinassent, denique quo tempore decrevissent solvere. Quae simulatque cognoverant, renunciabant piratis, cum quibus societatem maritimorum latrociniorum exercebant. Atque ita per occasionem simul adorti navigantes spoliabant. Quae res ubi mercatoribus esset comperta, pleraque auscultabant ac dissimulabant insidiarum metu. Sed

Recht fragt Paul, wie er wohl die vierzigtägigen Fasten würde aushalten können. Peter begiebt sich nun zum Barbier, um sich, wie er es etwa sechsmal im Jahre zu thun pflegt, den Kopf waschen zu lassen zur Stärkung seines Verstandes. Paul erlauben seine Mittel diese Ausgabe nicht.

18) Georg macht Konrad mit dem Brauche bekannt, dass in ihrer Stadt immer mehrere Schüler gemeinsam mit eigens für diesen Zweck komponierten Liedern die Mahlzeiten der Reichen zu erheitern und sich auf diese Weise kleine Gewinne zu verschaffen pflegten. Er weist auch hin auf das bevorstehende Fest des hl. Martinus[1], an dessen Vorabende nicht nur die Speisen reichlicher gegeben, sondern auch den Bedürftigen in allen Häusern kleine Geschenke verliehen würden. Konrad hofft bei dieser Gelegenheit so viel zu erobern, dass er den Winter über besser leben kann.

19) Valerius verzehrt am Tage vor dem Feste der hl. Katharina[2], der Patronin der Studierenden, in aller Gemütsruhe sein Morgenfrühstück und muss sich von Martin erst aufmerksam machen lassen, dass an diesem Tage Fasten geboten sei. Er hat übrigens bislang auch nur Christus für den wahren Patron der Weisheit gehalten.

20) Hippolyt und Cletus klagen über die herbe Winterkälte, bei der sie in ärmlicher Kleidung durch Regen, Schnee und Eis betteln gehen müssen.

21) Statius erzählt Lukan, was in seiner Heimat am Tage des hl. Nikolaus geschieht: „Diejenigen, welche dort die Schule besuchen, wählen nach der Vorschrift des Rektors einen der Ihrigen zum Bischof und geleiten ihn in grossem Zuge zu seiner Wohnung und zur festgesetzten Stunde zur Kirche zurück." „Und was für einen Vorteil hat der neue Bischof davon?" fragt Lukan. „Keinen andern," erwidert Statius, „als dass er bei einem Mahle — ich weiss nicht, wer es bezahlt — festlich bewirtet wird. Freiheit vom Lernen u. s. w. hat er nicht[3]."

---

cum ne sic quidem laterent, subodorantibus omnia Corycaeis, res in proverbium abiit: „Τούτο Κωρυκαίος ήκρόαζετο i. e. Hunc Corycaeus auscultavit" de re vehementer dissimulata, deprensa tamen. Vgl. unten Hegendorffinus, 2, Schottenius, 20. Heyden, 10. Vgl. auch Koldewey a. a. O. I. S. LXVII f. Ueber den Lupus s. oben Manuale, 11.

[1]) Ueber den von den Schülern besonders verehrten h¹. Martin von Tours, den Schutzpatron Frankreichs, an dessen Festtag (11. Nov.) sich viele volkstümliche Gebräuche knüpften und knüpfen, vgl. Reinkens, Martin von Tours, der wunderthätige Mönch und Bischof, 3. Ausg., Gera 1876 und neuestens Scullard, Martin of Tours, London 1891. — Zu unserer Stelle vgl. unten Schottennius, 40.

[2]) Ueber die von der philosophischen Fakultät in Paris zur Schutzheiligen gewählten und seitdem als Patronin des philosophischen Studiums und der Schulen geltenden hl. Katharina von Alexandrien (25. Nov.), vgl. K. Hartfelder, Das Katharinenfest der Heidelberger Artistenfakultät in den Neuen Heidelberger Jahrbüchern, Jahrg. 1 (1891), S. 52—71, woselbst die anderweitige Litteratur angegeben ist.

[3]) Ueber das Bischofsspiel der Knaben vgl. u. a. F. Falk, Die Schul- und Kinderfeste im Mittelalter (=Frankfurter zeitgemässe Broschüren. N. F.

22) „Hast Du nichts von den Schauspielen gehört, die morgen aufgeführt werden sollen?" fragt Jakob den Thomas und berichtet ihm, da er die Frage verneint, dass zunächst zwei Seiltänzer ihre Kunst zeigen würden, dann Sarmaten zum Spiele der Zinken zwei riesige Bären tanzen liessen und endlich im Cirkus auf Veranlassung des Herzogs vom Kopf bis zum Fuss bewaffnete Ritter sich gegenseitig bekämpften.

23) Konrad verwünscht diejenigen, welche die ewigen Fasttage eingeführt und dabei vergessen hätten, dass nicht alle so gut frühstücken könnten wie sie. Aegidius macht ihn aufmerksam, dass auf sie in den Jugendjahren nach der Lehre des hl. Hieronymus die Fastengebote gar keine Anwendung fänden.

24) Penius freut sich auf das Weihnachtsfest und hat doch auch wieder Angst vor demselben, wenn er an die vielen auswendig zu lernenden Lieder und den langen Gottesdienst denkt. Auf die Frage seines Freundes Franz, was es bedeute, dass die Priester am Feste des hl. Johannes dem Volke Wein aus einem geweihten Becher reichten, berichtet Penius nach Hörensagen, dass dieser Wein ein Gegenmittel sei gegen die Gefahren des Giftes.¹) Franz verhält sich diesem Brauche gegenüber skeptisch. Er

Bd. 1, Heft 8, Frankfurt a. M. 1880, S. 230ff.). Ueber die Motive des Spieles heisst es hier: „In dem Schulbischofe will das Mittelalter, das in der Kirche seinen geistigen Sammel- und Mittelpunkt gefunden und geliebt, das von Gott geehrte Kind ehren, will es umkleidet sehen mit den höchsten Würden des geistlichen Standes, also des Bischofs. . . . Mit dieser religiösen Anschauung vermischte sich ein pädagogisches Moment. Wie musste sich die Jugend auf das Bischofsspiel das trockene Schuljahr über, das damals keine Ferien kannte, gefreut haben! Wie musste der Hinweis der Eltern und Lehrer auf die Möglichkeit der Wahl zum Bischofe oder zur Begleitung das jugendliche Streben rege gehalten und gespannt haben." —
Professor F. A. Dürr, welcher das Bischofsspiel zu Mainz noch sah, veröffentlichte im Jahre 1755 eine Abhandlung „De episcopo puerorum vulgo vom Schulbischof" (Aufgenommen in Schmidt, Dissertationes iuris ecclesiastici III, 58—83, Heidelberg 1774). Der vor dem Feste des hl. Nikolaus ernannte Bischof erscheint nach Dürrs Bericht in festlichem Gewande mit der nötigen Gefolgschaft in der 1. und 2. Vesper und beim Hochamte des Nikolaus-Tages (6. Dez.) auf dem Chore der Domkirche, wo für ihn ein Sessel bereit steht. Von da an bis zur 1. Vesper des Festtages der Unschuldigen Kinder (28. Dez.) macht er seine Aufwartungen beim Kurfürsten, bei den Domstiftsherrn und den übrigen Vornehmen, von denen er dann mit einer Einladung beehrt wird. Am Unschuldigen Kinder-Tage hält er dann wieder die beiden Vespern ab und wohnt mit seinem Hofstaate dem Hochamte bei. Nach Zeit und Ort fanden mancherlei Abweichungen des Festes statt. — Vgl. Rochholz a. a. O. 501 ff.
Der Brauch wird uns unten bei Schottennius, 32 wiederbegegnen. Vgl. auch Koldewey a. a. O. I. S. XXXII ff.

¹) Die Weihe des Weines als eines Symbols der Opferliebe, am Feste des hl. Johannes, des Jüngers der Liebe (27. Dez.), geschieht zur Erinnerung an die alte Ueberlieferung, dass Johannes einst, als ihm der Götzendiener Aristodemus in einem Becher vergifteten Wein gereicht, diesen

möchte in dem genannten Glauben keinen Schirlingstrank trinken, wenn der Becher auch noch so heilig sei.

25) Petrucius wünscht Brutus am Neujahrstage Glück für das folgende und alle kommenden Jahre. Brutus wäre ein kleines Geschenk lieber gewesen als die frommen Wünsche. Die Sitte solcher Neujahrsgeschenke führt er auf die Heiden zurück[1], ebenso wie den in manchen Gegenden üblichen Brauch, dass am Tage vor dem Feste der drei Magier — die Bedeutung dieses Namens und auch die Festbezeichnung ἐπιφανεία wird erklärt — jedes Haus einen König wähle[2].

26) Valerius fragt Nikolaus vorwurfsvoll, weshalb er am Feste der Mutter Gottes keine Wachskerze trage[3], worauf dieser antwortet, dass ihm das Geld fehle und dass er es ausserdem für wohlthätiger hielte, den Armen zu spenden. Hierin muss ihm Valerius allerdings Recht geben, der dann seinerseits noch über die Thorheit vieler Weiber spottet, welche sich den Himmel zu verdienen glaubten, wenn sie täglich 36 Kerzen opferten, während die Armen auf der Strasse hungerten.

27) Franz ist wegen heftiger Kopfschmerzen — er hat aber nicht am „morbus scholasticus" gelitten! — aus der Schule geblieben und hört von Fabian, dass ihnen der Lehrer wegen der Fastnachtstage („Christianorum quasi Bacchanalia") frei gegeben, aber streng verboten habe, maskiert umherzulaufen. Und Franz hielt schon lange eine Maske zu Hause verschlossen!

28) Severus erforscht nachdenklich sein Gewissen, während Veit noch garnicht daran gedacht hat. Severus belehrt ihn, es wäre eine Vorschrift, dass alle Schüler vor dem Festtage ihres Patrons Gregor[4] beichten

---

gesegnet und in der Kraft des Glaubens ohne Schaden aus ihm getrunken habe. „Deshalb glauben die Leute, dass der geweihte oder der mit dem Johannissegen vermischte Wein ihnen ebensowenig schaden könne, als der Giftbecher dem Evangelisten Nachteil gebracht hat, ja dass derjenige, der am 27. Dezember davon trinke, das ganze Jahr hindurch vor Vergiftung und Verhexung gesichert bleibe." Vgl. J. V. Zingerle, Johannissegen und Gertrudenminne, in den Wiener Sitzungsberichten, Hist. phil. Cl. 40 (1862) S. 177 ff.

[1] Neujahrsgeschenke (strenae, französisch: étrennes) finden wir in der That schon bei den Römern, welche überhaupt die calendae Ianuariae mit einem übermütigen, den Saturnalien ähnlichen Freudenfeste feierten, gegen welches das Christentum einen schweren Kampf zu führen hatte. Vgl. unten Hegendorffinus, 5; Schottennius, 41; Ionas Philologus, 1.

[2] Ueber das Königsspiel der Alten vgl. Grasberger a. a. O. S. 53/54.

[3] Ueber das Darbringen von Kerzen am Lichtmesstage (2. Febr.) heisst es z. B. in der Schleizer Schulordnung vom 17. Dezember 1492 (abgedruckt bei J. Müller, Schulordnungen S. 113): „Item auff lichtmess sal ieglicher schuler ein wachskertzen haben, die zur mess brennen lassen und nach abgesungener messe zu sant Jeorgen dem obersten schulmeister geben." Vgl. unten Schottennius, 95.

[4] Ueber das wahrscheinlich auf die Bemühungen des Papstes Gregor I. um die von ihm zu Rom gegründete Sängerschule und sein durch Stiftung von sechs Klosterschulen bekundetes Interesse für das

sollten. Daraufhin muss sich Veit entschliessen; er will sich aber einen schläfrigen Priester aussuchen, den er bei seinem Bekenntnis hintergehen kann.

29) Anton sucht einen Genossen, der mit ihm aufs Land zum Eierbetteln gehe, was Marcellus für recht ungeziemend hält.

30) Lukas, welcher in der Schule gefehlt hat, lässt sich von Paul wiederholen, was der Lehrer über eine würdige Kommunion in der österlichen Zeit gesprochen, hat aber scheinbar mehr Interesse für die Kuchen, welche zum Feste gebacken werden.

31) Alle Leute schmücken Häuser und Strassen für die feierliche Prozession am folgenden Tage. Urban wundert sich, von Kilian zu hören, dass auch sie an derselben teilnehmen müssen[1]. In seiner Heimat machen die Landleute zu Pferde den Weihezug in die Felder.

32) Leopold teilt Severus mit, dass am folgenden Tage, dem achten nach dem Fronleichnamsfeste, die Tragödie von den Leiden Christi[2] von Schauspielern dargestellt werden solle.

33) Wenn Basilius Geld übrig hätte, würde er sich Butter kaufen, statt, wie Gregor, die Thorheit mitzumachen und sein Haupt in unmännlicher Weise nach dem Vorbild der Griechen — καρηκομόωντας nenne sie Homer — mit Rosen zu bekränzen.

34) Rafael möchte Flügel haben, um nach Hause fliegen und das Fest des hl. Urban[3] mitmachen zu können, der seinen Landsleuten wäre, was den Heiden Bacchus gewesen. Servatius lacht über die Thorheiten der Menschen, die durch Kneipereien und Rausch die Heiligen zu gewinnen glaubten.

35) Cornelius klagt, dass alle Jahreszeiten so viel Unannehmlichkeiten hätten, besonders aber der Sommer mit seiner Hitze, seinen Mücken und Fliegen, seinen Wanzen und Flöhen, mit denen man des

Schulwesen zurückzuführende Gregorius-Fest (12. März), an welchem die Aufnahme der neuen Schüler und im Anschluss an diese mancherlei kleine Festlichkeiten, Umzüge ins Freie, Vogelschiessen u. s. w. stattzufinden pflegten vgl. Falk a. a. O. S. 237 ff., Rochholz a. a. O. S. 501 ff.

[1] Die Stelle bezieht sich wohl auf die altherkömmliche Prozession am Sonntag nach Fronleichnam (vgl. das folgende Gespräch). So schreibt z. B. die „Hausordnung für die 12 Chorschüler in der Spitalschule zu Nürnberg vom Jahre 1343" (J. Müller, Schulordnungen S. 19) vor: „Am suntag post corporis Christi süllen sie mit der processen gen."

[2] War es vielleicht der bekannte fälschlich dem Gregor von Nazianz zugeschriebene „Χριστὸς πάσχων" bezw. eine lateinische Uebersetzung desselben? Vgl. Krumbacher, Geschichte der byzantinischen Litteratur (J. Müllers Handbuch der klassischen Altertumswissenschaft, 9¹) München 1891, S. 356 ff.

[3] Das Fest ihres Patrons, des Papstes Urban I. (25. Mai), feierten die Winzer in vielen Gegenden durch eine Prozession, bei welcher das Bild Urbans mitgetragen wurde. Vgl. den Artikel „Feste" in Wetzer und Welte's Kirchenlexikon (2. Aufl., 4 Bd., Sp. 1418), woselbst auch einige Litteratur angegeben ist.

Nachts Krieg zu führen hätte u. s. w. Diesen Klagen gegenüber weist Gustav auf die noch grösseren Freuden der Jahreszeiten hin.

Später zugefügte Dialoge:

1) [Zwischen 9 und 10] Der verständige Phaedrus ermahnt seinen jüngeren Bruder Johannes zu tieferem Eindringen in die Schriftsteller. Das Auswendiglernen der Worte allein bringe keinen Vorteil.

2) [Am Schluss] Hieronymus, welcher zwei Jahre lang eine Trivialschule besucht hat, ist entschlossen, eine Universität zu beziehen und fragt seinen Rektor um Rat, welche er wählen und wie er sich auf derselben verhalten solle. Der Rektor empfiehlt, wenn er in der Nähe bleiben wolle, Leipzig und Wittenberg, sonst seien Erfurt und Basel nicht zu verachten. Alle aber würden übertroffen von Löwen, der besten Lehrstätte der drei Sprachen, mit ihrem Erasmus. Wo die Sitte herrsche, dass sich die Studenten an einen Lehrer näher anschlössen, sei zuvor eine sorgfältige Prüfung der einzelnen anzuraten.

Blicken wir auf die Gespräche zurück, so erhebt sich zunächst die Frage, an welcher Schule wir uns befinden, oder eigentlich nur, an was für einer Art von Schule, ob an einer gewöhnlichen Lateinschule oder einer Universität, denn als solche würden dann nur die St. Thomas-Schule, deren Rektor, wie wir hören werden, an der Aufzeichnung der Gespräche thätigen Anteil genommen, oder die Universität zu Leipzig, an welcher Mosellanus selbst seit kurzem Professor war, in Betracht kommen. Dass diese Frage überhaupt aufgeworfen werden kann, wird der nicht wunderbar finden, der weiss, dass in jener Zeit nicht nur die Unterrichtsgegenstände beider Lehranstalten noch häufig ineinander übergriffen, sondern auch schon 15jährige Knaben die Universitäten besuchten und von einer akademischen Freiheit noch nicht die Rede war. Selbst die Erwähnung der Rute im 11. Gespräch würde nicht unbedingt gegen eine Universität sprechen[1]). Bevor wir unsere angezeigte Frage entscheiden, haben wir noch auf eine andere einzugehen, ob nämlich Mosellanus, wie Massebieau (S. 73) vermutet, selbst eine zeitlang an der Thomas-Schule thätig gewesen ist oder nicht. Als Grund für seine Annahme giebt Massebieau den Umstand an, dass Mosellanus den Poliander an einer Stelle der Paedologia „seinen Rektor" nenne. Es kann sich nur um die Ueberschrift der Widmung handeln, welche mit der Interpunktion der ältesten Drucke lautet: Petrus Mosellanus Ioanni Poliandro, Lipsiae apud divum Thomam ludimagistro suo, S. Aus dem Ausdruck „ludimagistro suo" zieht Massebieau also seine Folgerung. Ich glaube aber ihm gegenüber annehmen zu müssen, dass sich das

---

[1]) Vgl. Paulsen a. a. O. S. 29 ff.

Wörtchen „suo" als Ausdruck der Ergebenheit auf die ganze Anrede an Poliander, nicht speziell auf das Wort „ludimagistro" bezieht, da ich nirgendswo eine Notiz über jene vermutliche Thätigkeit des Mosellanus finde. Nachträglich erhalte ich noch eine Bestätigung meiner Vermutung in einer Ausgabe der Paedologia von Augustae Vindelicorum 1532 (s. oben Bibliogr. Verz. No. 32), in welcher die Worte „ludimagistro suo" durch ein Komma getrennt sind. Sicher aber war Poliander, wenn er es jemals gewesen, damals, als Mosellanus die Worte „ludimagistro suo" schrieb, nicht mehr sein Rektor. Von den beiden, wie wir oben hörten, in den verschiedenen Ausgaben neben einander stehenden Widmungsdaten ist das älteste der Matthaeus-Tag, d. h. der 21. September 1517. Am 23. August dieses Jahres schreibt jedoch Mosellanus schon an den jungen Pflug von der Gnade seines Herzogs.[1]) sicher mit Bezugnahme auf seine Ernennung zum Professor der Universität. — Konnte aber Mosellanus nicht auch ohne Lehrer an seiner Anstalt gewesen zu sein, sich eng an Poliander angeschlossen und von dem erfahrenen Schulmanne Belehrungen und Anweisungen für sein Büchlein entgegen genommen haben? Dass dieses wirklich der Fall gewesen, sagt er selbst wiederholt in unserer Widmung, an deren Schluss er Poliander direkt den „autor et adiutor" seines Werkes nennt, nachdem er vorher schon bemerkt, dass er, wenn ihm nicht Polianders Beihilfe in Aussicht gestellt wäre, es niemals gewagt haben würde, Schülergespräche zu schreiben, einmal wegen seiner Unerfahrenheit in solchen Schulverhältnissen — er hatte ja immer nur Privatunterricht gegeben — und dann auch aus Furcht, es würde ihm nicht gelingen, sich in den Knabenton herabzustimmen.

Es steht also fest, dass Poliander Mosellanus bei Abfassung seines Werkes hülfreiche Hand geboten hat. Er hat ihn vertraut gemacht mit den zu schildernden Verhältnissen, und welches Bild wird er ihm anders gezeichnet haben, als das seiner eigenen Schule? Ich nehme schon aus diesem Grunde — ganz abgesehen von dem vorwiegend knabenhaften Charakter der Gespräche und der Schilderung mancher nur auf eine Trivialschule passender Verhältnisse — für die meisten Dialoge die Thomas-Schule[2]) und nicht die Universität als Schauplatz an, jedoch nicht für alle. Der Uni-

---

[1]) Vgl. Schmidt a. a. O. S. 30.
[2]) Vgl. über dieselbe das Programm zur Feier der Einweihung des neuen Schulhauses des Thomas-Gymnasiums, Leipzig 1878 u. Dr. Sachse, Beiträge zur Geschichte des Thomas-Klosters und der Thomasschule. Progr. der Thomasschule Leipzig 1880.

versität sind mit Sicherheit das 5. und 6. Gespräch zuzuteilen: Markus ist ein Student der Hochschule, denn Johannes sagt, nachdem er dem Freunde erzählt, weshalb er „in hanc laudatissimam Academiam" gekommen, wörtlich zu ihm: „Habes cur advenerim, nimirum, ut in hoc vestro ludo et Graecae linguae elementa saltem liceat percipere."

Weshalb hätte sich Mosellanus auch ängstlich an eine einzige Lehranstalt halten sollen? Was stand im Wege, dass er neben den Situationen, die Poliander angab, auch einmal, was ihm selbst am Herzen lag, aussprechen und von der Universität zu Leipzig, speziell von seinem griechischen Fache, erzählen liess? Auch seine eigenen traurigen Schülererlebnisse spiegeln sich ohne Zweifel oft wieder in den Klagen der armen, von Hunger und Kälte geplagten Knaben. Die Erwähnung der Weinlese (8 u. 34) mochten Erinnerungen aus dem Geschäfte des Vaters veranlasst haben. Besondere Beachtung verdient das religiöse Leben der Knaben. Wir finden fromme Schüler, die sich streng an das Fastengebot halten (19), die mit Ernst ihr Gewissen erforschen (28), die sich die Ermahnung des Lehrers über den würdigen Empfang der Kommunion zu Herzen gehen lassen (30) u. s. w. Aber ihnen stehen ebenso viele gegenüber, die es mit ihren religiösen Pflichten leicht nehmen, die den verwünschen, der das Fasten eingeführt hat (23), die bei der Beichte betrügen wollen (28), denen die Predigt zu lang wird (10), die mit Widerwillen die Kirchenlieder auswendig lernen (24), auch solche — was wohl zu bemerken ist — die Zweifel an ihrer Religion hegen, denen die Verehrung der hl. Katharina nicht in den Kopf will (19), die einem geweihten Becher keine besondere Kraft zutrauen (24) u. s. w. Es sind reformatorische Gedanken, wie denn Mosellanus Luthers Auftreten freudig begrüsste, wenn er auch niemals eine feste, entschiedene Stellung im Reformationskampfe eingenommen hat. — Der Stil der Paedologia ist im allgemeinen leicht und gewandt, auch verhältnismässig rein, darum aber noch keineswegs klassisch. So fehlt z. B. in der negativen Frage fast immer das Fragewort. Das zweite Kapitel beginnt gleich: „Non tu hodie tuum natalem celebras . . .?"

Den besten Beweis für die Brauchbarkeit bildet auch bei den „Paedologia" die grosse Zahl der Auflagen (s. das Bibliogr. Verz.). Zeugnisse für ihre Verwendung in der Schule sind oben bei Erasmus zur Genüge angeführt.

8) Christophorus Hegendorffinus.

Dialogi pueriles.

Mit Mosellanus' „Paedologia" stehen in enger Verbindung die „Dialogi pueriles" des Christophorus Hegendorffinus. Christophorus Hegendorffinus oder Hegendorphinus, eig. Christoph Hegendorfer,[1]) wurde dem Seidenheffter Johannes Hegendorfer im Jahre 1500 zu Leipzig geboren. Nachdem er den Unterricht der Thomas-Schule durchgemacht, liess er sich im Winter-Semester 1513 auf der Universität seiner Vaterstadt immatrikulieren und erlangte an derselben 1515 das Baccalaureat, 1521 die Magisterwürde und 1523 das Rektorat. Seine „Dialogi pueriles" sind im Jahre 1520 — Massebieau spricht von 1521 — erschienen[2]) und Simon Pehm, dem Rektor der Schule in Annaberg, dessen Streben schon lange Jahre dahin ginge, „puerorum balbutiei succurrere", als eine „mutua opera" gewidmet. Dass Hegendorffinus um 1520 ein Lehramt bekleidete, sagt er selbst in der Vorrede der „Dragmata in dialecticam Petri Hispani", in welcher er von seinen Schülern spricht, denen er „logices apodixes" vorläse. An welcher Anstalt er aber thätig

---

[1]) Vgl. über ihn den Artikel von Krause-Geiger in der Allgemeinen Deutschen Biographie, Bd. 11, S. 274, ferner Otto Günther, Plautuserneuerungen in der deutschen Litteratur des XV.--XVII. Jahrhunderts und ihre Verfasser. Diss. von Leipzig, 1886 S. 70—91, wo Krause mehrfach berichtigt wird, und neustens A. Henschel. Christophorus Hegendorfer in der Zeitschrift der Historischen Gesellschaft für die Provinz Posen, 17. Jahrg. Posen 1892 S. 337—343.

[2]) Ich habe aus diesem Jahre 2 Ausgaben zur Hand und vermag, da nur die eine ein Monatsdatum enthält, nicht zu entscheiden, welches die älteste ist. Die ohne die genauere Zeitbestimmung, welche Günther u. a. O. S. 78 allein gekannt und für die editio princeps gehalten hat, sei hier vorangestellt:

1) Holzschnitt: In einem Wagen, um den 4 bewaffnete Männer stehen, eine Frau mit einem Buche. Darunter: Dialogi pueriles Christo¦phori Hegendorf || fini. | Bl. 1ᵇ: Doctissimo viro Simoni Pehm Gymnasiarchae in monte Divae Annae | Christophorus Hegendorffinus. S. D. | Bl. 2ᵃ: Georgius et Christophorus etc. Bl. 12ᵃ: Nach einer kurzen Entschuldigung

war, oder ob er nur Privatschüler unterwies, ist unbekannt. Von seinen Vorgängern auf dem Gebiete der Schülergespräche macht er allein Erasmus namhaft, sein direktes Vorbild aber ist ganz ersichtlich Mosellanus gewesen, wie denn auch die Dialogi pueriles später immer mit den Paedologia zusammengedruckt worden sind (Vgl. das bibl. Verz. der Paedologia No. 24).

Das Werk des Hegendorffinus besteht aus 12 Dialogen:

1) Georg und Christophorus sind, als nach dem harten Winter der Frühling kommt, an Geld und Kleidung derartig abgebrannt, dass sie nach Hause heimzukehren gezwungen werden. Sie gehen zum Rektor, der eben vom Frühstück zurückgekehrt ist und in der Stube auf- und abgeht, und tragen ihm ihre Bitte vor. Nach langem Zögern — es sind noch über 8 Wochen bis zum Schluss der Vorlesungen — willigt derselbe ein, jedoch mit der Mahnung, dass sie sich bei den Eltern nicht zu bäuerisch betragen und ein schlechtes Licht auf ihren Erzieher werfen möchten.

2) Friedrich, welcher eben von seinen Eltern die Erlaubnis erhalten hat, eine Trivialschule zu besuchen, begegnet Heinrich, der sich auch mit solchen Gedanken trägt, aber von Natur etwas unschlüssig ist. Friedrich hat sich für Leipzig entschieden, einmal wegen des guten Rufes und des trefflichen Rektors der dortigen Schule und dann auch der Stadt wegen. Aber Heinrich hat gehört, dass die Pest dort wüte. Friedrich ist jedoch in einem Briefe mitgeteilt worden, dass die Seuche vorüber und auch die

---

wegen etwaiger Druckfehler und Verbesserung von 2 Versehen Z. 13: Cum Gratia. Lipsiae ex aedibus Valentini Schumanni Anno domini Millesimo quingen!'tesimo vigesimo. Bl. 12ᵇ leer. 12 Bll. 4º, Sign. Aij-Ciij. Bis auf den Titel und jedesmal die erste Zeile der Kapitelüberschriften lateinische Typen (K. B. Berlin, U. B. Erlangen, U. B. Jena, H. B. Wien). —

2: Dialogi pueriles Christo phori Hegendorf || fini. , Bl. 1ᵇ: Doctissimo etc. Bl. 2ᵃ Georgius etc. Bl. 14₂ Z. 7: Impressus est hic libellus Dialogicus Nurn | bergae per Foedericum Peipus Biblio ; graphum impensis Ioannis I Rostock. Anno M. D. ; XX. Octavo Idus Aprilis. Darunter Buchdruckerzeichen. 14 Bll. 4º, Sign. Aij-Ciiij, Typen wie bei 1). (Herz. B. Gotha, H. u. St. B. München, U. B. Strassburg).

Zwei der Dialoge (No. 3 u. 6) wurden im August des Jahres 1520 von Knoblouch in Strassburg im Anschluss an die „Familiarium colloquorum formulae" des Erasmus gedruckt und im folgenden Jahre neu aufgelegt (S. oben das Bibliogr. Verz. bei Erasmus No. 24 und 25).

Ausser den beiden genannten kann ich noch folgende Einzelausgabe der Dialogi des Hegendorffinus anführen: Dialo gi pueriles Chri stophori Hegendorphini | xij. lepidi aeque ac docti. Monasterij 1523. Vgl. J. B. Nordhoff, Altmünsterische Drucke, in der Zeitschrift für vaterländische Geschichte und Alterthumskunde, 34. Bd. Münster 1876, S. 162, woselbst nach einem im Besitz des Herrn Lempertz in Köln befindlichen Titelblatt der scheinbar verschollenen Ausgabe eine ausführliche Beschreibung der bemerkenswerten Randleiste gegeben wird.

Universitäts-Lehrer nach Leipzig zurückgekehrt seien[1]. Heinrich kommt mit neuen Einwänden: Man dürfe dort im Sommer nicht kalt baden[2], den Bauern nicht beim Kirschenpflücken helfen und auch niemals ein paar Tage die Schule schwänzen. Zudem wären Corycäer[3] da, welche die vertrauten Reden der Freunde untereinander an den Lehrer trügen u. s. w. Nur mit Mühe gelingt es Friedrich, ihn zu einem vernünftigen Entschlusse zu bringen.

3) Sebaldus rüstet sich kurz vor Mariä Geburt zur Heimkehr nach Hause, wo er die Weinlese mitmachen will, und nimmt von Johannes Abschied. Dieser versucht vergebens, ihn durch den Hinweis, was er alles in der Schule versäumen würde, zurückzuhalten. Ebenso wenig fruchtet Johannes' verlockende Erzählung, wie er jetzt bald, wenn die Bauern zum Markte kämen, durch Ueberlisten derselben sich Obst in Menge verschaffen könne. Johannes macht das also: „Gygis annulo utor vel alium mihi adiungo, qui poma et pira licitatur, et cum agricolae in gremium mihi numerarunt, ego me in pedem quantum possum proripio." Wo Sebaldus aber durchaus fort will, bittet Johannes, falls er seine Eltern treffe (die beiden scheinen demnach Landsleute zu sein), ihn als einen fleissigen Schüler gehörig herauszustreichen, da der Vater für ihn ein gutes sacerdotium in Aussicht hätte. In Wahrheit aber kommt es ihm auf eine ordentliche Vorbereitung zum geistlichen Stande wenig an; er tröstet sich damit, dass er nicht der einzige sei, der Gott Worte entgegenmurmelte, welche er selbst nicht verstände.

4) Bartholomaeus jammert Peter vor, wie schwer es ihm fällt, während der strengen Winterzeit sein Brot zu erbetteln. Er muss oft bis 5 Uhr vor den Schwellen der Reichen sitzen, um ein Stückchen ranziges Fleisch zu bekommen. Unter die Sänger (concentores) zu gehen, welche vor den Häusern vortrügen und dafür oft reichlich belohnt würden, versage ihm seine musikalische Ungebildetheit. Er kann nur ein paar allbekannte Lieder, für die er zuweilen einmal einen Dreier erhält. Das Leben kostet ihm den Winter über aber immer seine 6 Silberlinge. 1 argenteus müssen sie allein dem Kantor am Feste der hl. Katharina geben, ausserdem erhält derselbe noch alle drei Wochen einen „nummus antiquus." Was aber das Unerhörteste ist, sie haben jährlich auch eine Abgabe für das Quartier zu entrichten (pro diversoriis). Einst hätten sie dazu auch noch das Holz bezahlen müssen, fügt Peter bei, wie das jetzt wäre[4]? Ihnen — Peter ist offenbar gegenwärtig in einer anderen Schule — hätten die meisten Bürger diesen Tribut erlassen, dafür müssten sie

[1] Vgl. Günther a. a. O. S. 78. Ausführlich: Mann, Verlegung der Leipziger Universität nach Meissen, in den Mitteilungen des Vereins für die Geschichte der Stadt Meissen, 3 (1891) Heft 1.
[2] Vgl. oben Niavis, Latinum idioma pro scholaribus adhuc particularia frequentantibus, 10.
[3] Vgl. oben Mosellanus, 16, unten Schottennius, 20.
[4] Ueber die Abgaben der Schüler vgl. Kaemmel a. a. O. S. 128.

jedoch täglich in der Kirche das „Salve" singen. Bartholomaeus klagt auch über das Labyrinth von Arbeiten, in dem er stecke. Er kommt keinen Abend zum Lesen. Er muss immer Bier herbeischleppen. Peter kann auch Arbeiten genug aufzählen. Morgen muss er z. B. wieder in aller Frühe aufstehen und bei der Messe zu Ehren der hl. Jungfrau singen. Und dann käme die schlimme Weihnachtszeit mit ihren vielen Liedern. Aber bei der Erwähnung dieses Festes, im Gedanken an die Ankunft ihres Erlösers, trösten sich die Knaben mit ihrem Loose.

5) Thomas und Sebastian beglückwünschen sich am Feste Epiphanie zum neuen Jahre. Den Gebrauch der Neujahrsgeschenke führt Thomas auf die Gaben der Magier zurück. Er erklärt auch den Namen Magier, sowie die Festbezeichnungen Circumcisio und Epiphania[1]).

6) Melchior eilt geraden Weges zum Markt, um sich Töpfe zu holen für die Speisen, welche er an den bevorstehenden Fastnachtstagen zu erobern hofft. Drei Tage hat der Lehrer frei gegeben, und drei nimmt er sich auf eigene Faust dazu. Philipp denkt sogar an acht Tage.

7) Johannes begegnet Nikolaus, welcher für seinen Herrn gerade eine Kanne Neuburger Bier[2]) vom Bürgerkeller geholt hat, und erkundigt sich bei ihm nach einer Formel „cerevisiae consecrandae", sowie nach verschiedenen bei anderen Gelegenheiten anzuwendenden Redensarten.

8) Bartholomaeus kehrt vom Bade zurück und empfängt von Matthaeus die wenig erfreuliche Meldung, dass er die Schule und ihre Schlafstube auszufegen hat.

9) Markus belehrt Peter, der das Betteln nicht versteht, wie er es anzufangen hat. Er darf nicht gleich weggehen, wenn er einmal angefahren wird, selbst nicht, wenn sie drohen, ihn mit Steinen zu werfen, denn das ist ihnen niemals Ernst. Er muss immer stehen bleiben. „Wenn Du häufig wirfst, wirst Du einen Venus-Wurf[3]) thuen" hiesse es im Sprichwort. Markus will einmal mit ihm gehen.

10) Josef erzählt Georg mit Stolz von seinem ausgezeichneten Lehrer. Vor Tag übt er die griechische und lateinische Deklination und die logischen ἀπορίας ein. Nachmittags liest er die Grammatik des „jungen, in beiden Sprachen gleich ausgezeichneten" Melanchthon[4]) vor und fügt ausgewählte Sentenzen aus griechischen Autoren und einige Chrien bei. Dann erklärt er, um gleichzeitig für die religiöse Bildung zu sorgen, das Enchiridion des Erasmus, und endlich giebt er Anleitung zu Aufsätzen und

---

[1]) Vgl. oben Mosellanus, 25. Ueber das Fest Epiphanie, „Grosses hohes Neujahr", vgl. Grotefend. Zeitrechnung, Hannover 1891, S. 134.
[2]) Ein beliebtes Leipziger Bier.
[3]) Ueber den Venus-Wurf vgl. z. B. J. Marquardt, Das Privatleben der Römer, II. Teil, 2. Aufl., Leipzig 1886 (=Marquardt-Mommsen, Handbuch der römischen Altertümer. 7. Bd.) S. 852/53.
[4]) Dieselbe war im Mai 1518 erschienen (Institutiones graecae grammaticae. Hagen. ex acad. Anshelm. mense Majo 1518 in 4⁰).

zu griechischen und lateinischen Briefen. Georg ist von dieser Aufzählung so begeistert, dass er sofort in Josefs Schule überzusiedeln beschliesst.

11) Durch Balthasars Beispiel und Belehrung lernt Kaspar, der schon lange die Schule besucht, ohne sonderliche Fortschritte zu machen, in vernünftiger Weise die Vorlesungen zu repetieren.

12) Hermann empfiehlt Wenceslaus, welcher sich Bücher anschaffen will, Cicero und Terenz. Letzteren hätte der berühmte Melchior Lotter in Leipzig mit einer Vorrede Philipp Melanchthons[1]) gedruckt und Froben, der sorgfältigste aller Drucker, auf kleine Seiten gebracht[2]). Von Cicero aber würde er bei Valentin Schumann, oder griechisch Hypodymander, dem unermüdlichen Leipziger Drucker, Exemplare finden[3]).

Hegendorffinus schreibt nicht nur ganz in dem Tone des Mosellanus, sondern auch die übereinstimmenden Themata[4]) verraten an manchen Stellen deutlich die Vorlage, mag der Schüler, wahrscheinlich in dem Streben zu rivalisieren, den Namen des Meisters auch noch so sorgfältig verschwiegen haben.

Die Frage, auf welche Schule sich die Gespräche beziehen, hängt mit der zusammen, an welcher Lehranstalt Hegendorffinus thätig gewesen ist, und muss mit dieser unbeantwortet bleiben. Fest steht nur, dass es eine Leipziger Trivialschule ist (vgl. bes. Gespräch 2). Dass Hegendorffinus durch die Ausmalung dieser Idealschule (10) stillschweigend sich selbst verherrlicht, wofür Günther ein noch sichereres Analogon aus einer anderen von seinen Schriften beibringt,[5]) ist für den Humanisten charakteristisch. In der Korrektheit des lateinischen Stiles reicht Hegendorffinus nicht an Mosellanus.

---

[1]) Diese Ausgabe erschien 1518 (P. Terentii sex quae extant: Comoediae multis in locis emendatiores quibus Phil. Melanchthonis praeposita est epistola . . .) und wurde im folgenden Jahre neu aufgelegt.

[2]) Im März des Jahres 1519 unter dem Titel „Terentius". Nachdruck der Aldina. Bei Schweiger, Handbuch der klassischen Bibliographie II, 2, Leipzig 1834, S. 1056 ausführlich beschrieben.

[3]) Bei Schumann waren von Cicero z. B. erschienen: Duo electissimi epistolarum libri, 1515, 1518 und 1519. — Epistolae familiares atque breviores, 1517. — De senectute, 1514. — De amicitia, 1514 und 1515. — Tres officiorum libri, 1516. - Paradoxa, 1514 etc.

[4]) Günther a. a. O. S. 79 hat eine Reihe von Uebereinstimmungen zusammengestellt.

[5]) Günther ebendaselbst.